E. von Schlicht

Die Foraminiferen des septarienthones von Pietzpuhl

E. von Schlicht

Die Foraminiferen des septarienthones von Pietzpuhl

ISBN/EAN: 9783741175565

Hergestellt in Europa, USA, Kanada, Australien, Japan

Cover: Foto ©Andreas Hilbeck / pixelio.de

Manufactured and distributed by brebook publishing software
(www.brebook.com)

E. von Schlicht

Die Foraminiferen des septarienthones von Pietzpuhl

DIE

FORAMINIFEREN

DES

SEPTARIENTHONES VON PIETZPUHL.

VON

E. VON SCHLICHT,

KOENIGL. PREUSSISCHEM OECONOMIERATH

MIT XXXVIII LITHOGR. TAFELN.

BERLIN.

WIEGANDT & HEMPEL.

Vorwort.

Die nachstehende Arbeit, welche in einer längeren Reihe von Jahren entstanden ist und durch die zufälligen Beziehungen des Verfassers zu der Localität, in welcher die beschriebenen und abgebildeten Foraminiferen in überraschender Fülle sich vorfinden, ihre Ausdehnung gefunden hat, soll vorzugsweise den Zweck erfüllen, einen Beitrag an Material für die in geologischer Beziehung so wichtig gewordenen Foraminiferen des Septarienthones zu liefern. Lediglich aus diesem Gesichtspunkt möge die Arbeit beurtheilt werden. Das gesteckte Ziel wird erreicht erscheinen, wenn, wie es in der Absicht des Verfassers lag, die Sammlung als eine, die gesammte Foraminiferenfauna des Septarienthones von Pietzpuhl erschöpfende gelten darf, so weit dies bei einer solchen Untersuchung überhaupt zu erlangen möglich ist; die Gunst der Verhältnisse und die lang gesteckte Frist der Untersuchung standen hierbei hülfreich zur Seite.

Wer die Schwierigkeit solcher Arbeiten kennt, wird dem Verfasser um so mehr seine Nachsicht bei Beurtheilung der Ausführung zuwenden, wenn einen Theiles das offene Geständniss nicht vorenthalten werden soll, dass die Paläontologie nicht zu seinem Fachstudium gehört, andererseits aber auch die Abhängigkeit beim Uebertragen der Originalzeichnungen auf den Lithographirstein durch fremde Hand manche Mängel zu Tage treten liess, die trotz aller Ueberwachungen und Correcturen dennoch nicht vermieden werden konnten.

Die sorgfältig geordnete Sammlung der Originale wird, wo es nöthig werden möchte, stets das beste Material zur Correctur hergeben.*)

Es möge hier nur noch bemerkt sein, dass die Originalzeichnungen mit aller Gewissenhaftigkeit und Vorsicht, aber auch ganz vorurtheilsfrei, ohne Vorliebe für eines oder das andere System nach der Natur copirt wurden, wie dies bei mikroskopischen Arbeiten mit Hülfe des Zeichnenprisma geschieht.

Durch die Gesammtaufstellung aller Foraminiferen-Formen von derjenigen Localität, welche als die reichste von allen bisher beschriebenen gelten darf, kann die nachstehende Arbeit gleichzeitig noch den Nutzen gewähren, dass ein grosser Theil der in vielen zerstreuten Werken

---

*) Der Verfasser ist bereit, die Originalsammlung in Kauf oder Austausch gegen besonders interessante werthvolle Naturalien abzutreten.

beschriebenen und abgebildeten Formen aus geologisch-identischen Localitäten, hier in einem einzigen Werke zusammengefasst und somit das Studium dieser fossilen Schaalen durch ein reichhaltiges Sammelwerk wesentlich erleichtert wird.

Einen Hauptmangel meiner Arbeit bin ich verpflichtet hier noch zu berühren und denselben zu entschuldigen; derselbe betrifft die Wahl der Anordnung der Ordnungen, Gattungen und Arten, oder das dem Werke zu Grunde gelegte System und sodann den Mangel der Numerirung der Arten. Es sei hierzu Folgendes bemerkt.

Bis heutigen Tages existirt ein festes, abgeschlossenes System der Foraminiferen, welches allgemeine Gültigkeit hat, noch nicht. Die Schwierigkeit, ein solches aufzustellen, wird von allen Autoritäten in diesem Fache anerkannt, ja zum Theil halten dieselben es noch für verfrüht, wenn schon jetzt, wo überall erst das Material gesammelt wird, mit der Aufstellung eines Systems vorgegangen werde. Unter allen lebenden Autoritäten, welchen man die meisten hierauf bezüglichen Arbeiten zu verdanken hat, muss Professor Dr. A. E. Reuss, Mitglied der kaiserlichen Academie der Wissenschaften in Wien, genannt werden, welcher in dem neuesten Werke vom Jahre 1863 „die Foraminiferen, Anthozoen und Bryozoen des deutschen Septarienthones," sein im Jahre 1861 entworfenes, von allen früher aufgestellten, namentlich vom d'Orbigny'schen wesentlich abweichendes System zur Geltung zu bringen versucht hat. Während d'Orbigny der Erste war, welcher den Formenreichthum der Foraminiferen zu einem System zusammenstellte, welches bisher noch immer als Grundlage von den meisten Bearbeitern benutzt wurde und welches sich lediglich auf die Art der Aneinanderreihung der äusserlich sichtbaren Kammern stützt — verband Ehrenberg die Foraminiferen mit den Bryozoen, wobei wiederum die Anordnung der Kammern als Grundsatz angenommen wurde. Max Schultze legte in seinem System das Gewicht auf die von ihm aufgedeckte innere Organisation des Thieres unter theilweiser Benützung des von seinen Vorgängern zu Grunde gelegten Princips der Anordnung der Kammern.

Englische Schriftsteller wollten den mikroskopischen Bau der Schaale berücksichtigt wissen und endlich legt Reuss in dem vorerwähnten Werke ein besonderes Gewicht bei Aufstellung seines Systems, auf die chemische Beschaffenheit der Schaale.

Schon diese verschiedenen Auffassungen über das dem Systeme zu Grunde zu legende Princip lassen erkennen, wie schwierig es ist, hierin einen festen Boden zu gewinnen; es geht hierbei wie bei der Gründung eines allgemein gültigen Mineralsystems, wobei bald auf die äussern Kennzeichen, bald auf die chemische Zusammensetzung das Gewicht gelegt wird, ohne dass für die eine oder andere Richtung eine allgemein begründete Regel gefunden werden kann.

In dieser zweifelhaften Lage der Dinge erschien es mir gerathen zu sein, demjenigen Systeme zu folgen, welches bis jetzt das am meisten verbreitete und bekannteste ist, nämlich dem d'Orbigny'schen. Ich habe daher in den nachfolgenden Beschreibungen der auf den 39 Tafeln abgebildeten Foraminiferen die Ordnungen und Gattungen nach dem Systeme von d'Orbigny mit wenigen Abweichungen streng beibehalten.

Bei dieser aus praktischen Gründen getroffenen Wahl ist vorauszusehen, dass in sicherer Aussicht eines späterhin noch zu erwartenden verbesserten Systems, mit seinen (im Gegensatze zum d'Orbigny'schen) vielleicht gänzlich abweichenden Kriterien der Ordnungen und

Gattungen, — jede Namengebung der von mir neu aufgefundenen Arten nur dazu dienen würde, die schon jetzt herrschende Verwirrung noch mehr zu vergrössern und nachfolgende Arbeiten unverhältnissmässig zu erschweren; es erschien daher um so mehr gerathen, auf die Ehre der Namengebung Verzicht zu leisten, als hierdurch dem künftigen Systematiker für seine Mühe auch diese Ehre erwächst; mir dagegen ist durch diese Unterlassung ein wesentliches Stück Arbeit erspart worden, welches darin besteht, dass ich die im Pietzpuhler Septarienthone aufgefundenen Formen nicht mit den durch eine weitläufige Literatur bereits beschriebenen Gattungen und Arten in eine ängstliche Vergleichung zu stellen brauchte. Um indessen jeder der nachstehend beschriebenen Form eine feste Bezeichnung zu geben, ganz gleichgültig, ob dieselbe bereits in andern Werken beschrieben ist oder als neue Art auftritt, so habe ich jeder Art eine bestimmte laufende Nummer gegeben. Ich hoffe auf die Weise meiner Pflicht, ein so reiches Material für die Wissenschaft nicht verloren gehen zu lassen, am geeignetsten nachzukommen. Die gegebene Ziffer vertritt so lange den Namen, bis jeder einzelnen Gattung und Art ihr Platz und Namen in einem von der Wissenschaft dereinst adoptirten Systeme angewiesen werden kann.

Trotz dieser mir verschafften Erleichterung hat die systematische Unterbringung einer so grossen Anzahl von Formen im d'Orbigny'schen Systeme, unter welcher nicht bloss neue Arten, sondern auch neue Gattungen sich vorfinden, immerhin noch grosse Schwierigkeiten, die den Mangel eines brauchbareren Systems mir recht fühlbar gemacht haben; bei eingetretenen Zweifeln habe ich die verwandten Gruppen so viel als möglich zusammengehalten und die Gattungen an den Stellen untergebracht, wohin sie nach dem d'Orbigny'schen Systeme am geeignetsten ihren Platz finden mussten. Bei den Definitionen der älteren Gattungen habe ich mich dem Entwurfe der systematischen Zusammenstellung von Reuss möglichst angeschlossen.

Die Wichtigkeit der Kenntniss über das Vorkommen der Foraminiferen zur Bestimmung des relativen Alters gewisser Erdschichten wurde zuerst von d'Orbigny in dessen Werk: „*Foraminifères fossiles du bassin tertiaire de Vienne 1846*" sehr bestimmt hervorgehoben, er sagt darüber:

> „mein, den Foraminiferen seit achtundzwanzig Jahren gewidmetes, specielles Studium, gab mir die Ueberzeugung, dass in vielen Fällen oft nur sie zur sicheren Bestimmung des Alters einer geologischen Bildung dienen können, wenn man nur bei ihrer Vergleichung jene Genauigkeit der Beobachtung befolgt, welche bei jeder gewissenhaften Arbeit in der vergleichenden Zoologie und Anatomie unerlässlich ist."

Seitdem hat diese Ansicht immer mehr Geltung gefunden und mit der Zunahme der Untersuchungen über das vorhandene Material dieser fossilen mikroskopischen Thierreste müssen die daraus abzuleitenden Schlüsse mehr und mehr jenen wissenschaftlichen Werth erlangen.

Auch Professor A. E. Reuss legt den fossilen Foraminiferen eine hohe Wichtigkeit zur Auffindung und richtigen Stellung einer bedeutenden Anzahl, früher entweder gar nicht gekannter oder doch vielfach verkannter Tertiärschichten bei und zwar aus dem Grunde, weil sie sich fast in allen tertiären Thonen und Mergeln in grösserer Menge finden, selbst in solchen, wo grössere Petrefacten gänzlich mangeln oder doch wegen ihres schlechten, fragmentaren Erhaltungszustandes nicht zu den erwünschten Resultaten führen können.

Die Untersuchungen über das Vorkommen der Foraminiferen nach dem vorerwähnten Ziele fallen sämmtlich erst in die jüngste Zeit und es ist daher nicht zu verwundern, dass unter den nicht zu verkennenden Schwierigkeiten der Untersuchung die bis jetzt erlangten Resultate nur noch vereinzelt vorliegen, so dass also auch in gleichem Maasse bis jetzt noch keine unumstösslich sichere Schlussfolgerungen in dieser Richtung gezogen werden dürfen.

Unsere Kenntniss über die innere Organisation der Foraminiferen ist trotz der einschlagenden Arbeiten von Dujardin, Ehrenberg und vorzugsweise von Max Schultze bis heute noch eine sehr beschränkte und doch darf man mit Sicherheit annehmen, dass die Organisation der Foraminiferen mit deren äusseren Lebensbedingungen in engem Zusammenhange steht, dass insbesondere Temperaturverhältnisse, wie schon d'Orbigny erwähnt, auf das numerische Vorhandensein dieser Thiere einen wesentlichen Einfluss ausgeübt haben; ebenso werden aber auch locale Ursachen mitwirken, um die auffallenden Ungleichheiten gleichartig lebender Arten in einem und demselben Meere zu erklären.

Max Schultze sagt in seinem Werke über den Organismus der Foraminiferen (Leipzig 1854), dass in dieser Beziehung die Bodenverhältnisse einen wesentlichen Einfluss ausüben; so fanden sich einzelne jetzt lebende Arten nur im Schlamme der Lagunen, andere nur auf unterseeischen Kalkfelsen, andere im Meeressande; die Rhizopoden scheinen zu ihrem Aufenthalte am liebsten solche Stellen zu wählen, wo ihnen durch eine reiche Vegetation Schutz vor dem Andrange der Wellen und ihren zarten Bewegungsorganen Gelegenheit zum Anheften geboten ist; hier finden sie zugleich an den, den grösseren und kleineren Seepflanzen stets anhaftenden, Diatomaceen und Infusorien eine reichliche Nahrung.

Auf diese, aus der eigenthümlichen Lebensweise dieser Thiere hervorgehenden Erscheinungen ihres häufigeren oder selteneren Vorkommens ist bei den geologischen Schlussfolgerungen bisher noch zu wenig Gewicht gelegt und deshalb erscheint es gewagt zu sein, aus den oft nur geringen Unterschieden einzelner bis jetzt aufgedeckten Faunen Schlüsse auf verschiedene Bildungsepochen der Erde ziehen zu wollen.

Die Foraminiferenfauna von Pietzpuhl giebt hierzu einen lehrreichen Beleg; es befinden sich nämlich in einer Längenausdehnung von fünfhundert Ruthen auf der dortigen Feldmark fünf Mergelgruben, aus welchen der untersuchte Thon entnommen worden ist; aber nur zwei dieser Gruben gaben eine reiche Ausbeute, während in den drei andern die Ausbeute, wenn auch nicht der Individuen-Anzahl, so doch in der Arten-Anzahl, eine viel geringere ist — ein Beweis, wie selbst auf wenig von einander entfernten Punkten, auf welchen man sicher nur mit einer und derselben Formation zu thun hat, die paläontologischen Einschlüsse schon wesentlich verschieden auftreten können.

Trotzdem werden diese fossilen Reste über die Schichtenbildung der Erde wichtige Aufschlüsse geben, sobald nur erst eine grössere Anzahl von umfassenden und die Local-Faunen erschöpfenden Untersuchungen vorliegen, aus welchen der allgemeine Character der Formen erkannt werden kann, welcher zu sichern Schlüssen über die Identität der Schichten zu führen berechtigt. Dieses Erkennen wird aber nur alsdann stattfinden, wenn die Untersuchung einer Fauna als eine erschöpfende bezeichnet werden kann; es ist dieser Umstand nicht ohne Bedeutung, weil auf das Fehlen dieser oder jener Art in einer gewissen Localität seither ein besonderes Gewicht gelegt wird; bei Untersuchungen mit geringen Massen des Thones, wie dies wohl häufig der Fall ist, kann aber unmöglich ein, die ganze Fauna erschöpfendes Resultat gewonnen werden, daher sind Untersuchungen solcher Art immer nur mit grosser Vorsicht in ihren Schlussfolgerungen zu benutzen. Nur um die Richtigkeit dieser Ansicht zu begründen, führe ich folgendes Beispiel an.

Bei der ersten Untersuchung des Septarienthones von Hermsdorf bei Berlin im Jahre 1850 fanden sich zweiundsechzig verschiedene Arten von Foraminiferen, von welchen dreizehn Arten oder einundzwanzig pro Cent mit den jüngeren Tertiärschichten des Wiener Beckens als übereinstimmend angesehen wurden; als später 1855 eine neue Untersuchung derselben Localität stattfand, ohne dass mit dieser an eine Erschöpfung des Formenreichthums zu denken war, wurde die Artenzahl auf hundertsiebenzehn vermehrt, von welchen achtzehn Arten oder nur vierzehn pro Cent mit der Wiener Foraminiferenfauna noch übereinstimmten und es ergab sich hieraus, dass, je gründlicher und erschöpfender die Untersuchung fortschritt, um so kleiner das Verhältniss der übereinstimmenden Formen beider Localitäten wurde und dass demgemäss die beiden Ablagerungen in ihrer Stellung sich um so weiter von einander entfernen, als die Untersuchung vervollständigt wurde.

Eine sichere Schlussfolgerung kann daher nur aus der Vergleichung möglichst vollständig erschöpfter Untersuchungen hervorgehen. Allerdings ist eine solche Untersuchung nicht ohne Schwierigkeit durchzuführen und hierin ist wohl der Grund zu suchen, dass bisher dies Forschungsgebiet nur von Wenigen betreten worden ist. —

Im nördlichen Deutschland werden die tertiären Gebilde von mächtigen Lagern älterer und neuerer Anschwemmungen überdeckt, aus denen oft inselartig die tertiären Ablagerungen hervorragen und die Möglichkeit ihrer genaueren Untersuchung erleichtern.

Eine dieser tertiären Hervorragungen des nördlichen Deutschlands erstreckt sich wenige Meilen nördlich von Magdeburg von der Elbe bei Hohenwarthe in östlicher Richtung über Möckern bis Loburg in einer Längenausdehnung von circa vier Meilen. Der höchste Punkt dieses Landrückens liegt auf der Feldmark des Rittergutes Pietzpuhl, aus dessen zu ökonomischen Zwecken dienenden Mergelgruben der foraminiferenreiche Thon, dessen Untersuchung Gegenstand nachfolgender Arbeit ist, entnommen wurde; derselbe liegt ziemlich frei zu Tage, nur von einer fruchtbaren Ackerkrume dünn bedeckt.

Schon das äussere Ansehen dieses Septarienthones lässt erkennen, dass derselbe keine homogene Masse ist, vielmehr zeigen die Proben dicht nebeneinander liegender Stellen in ihren Bestandtheilen beträchtliche Unterschiede, insbesondere tritt der Gyps zwischen dem Thone in kleinen Zwillingskrystallen nesterweis und in schmalen Gängen auf; grosse verhärtete Kalkthonsteine finden sich häufig in grossen Blöcken vor, und bilden die unter dem Namen Septarien bekannten Concretionen; diese Steinmassen nehmen durch Mächtigkeit oft das Ansehen von anstehendem Gestein an.

Die in dem Pietzpuhler Thone eingebetteten Foraminiferen und Entomostraceenschalen sind ganz ausserordentlich frisch erhalten, so dass ein grosser Theil derselben sich unzerbrochen und unversehrt vorfindet. An andern Einschlüssen ist dieser Thon sehr arm und sind grössere Petrefacten fast immer nur im zerfallenen Zustande angetroffen. Herr Dr. von Koenen in Marburg hat in seiner Monographie über das Norddeutsche Mittel-Oligocän diese fossilen Mollusken aus dem Septarienthon von Pietspuhl bestimmt; es sind dies die folgenden:

1. Valvatina umbilicata. *Bornem.*
2. Argiope cf. megalocephala. *Sandbg.*
3. Leda Deshayesiana.
4. Leda pygmaea. *Münst.*
5. Cryptodon unicarinatus. *Nyst.*
6. Fusus elongatus. *Nyst.*
7. Fusus elatior. *Beyr.*
8. Fusus multisulcatus. *Nyst.*
9. Pleurotoma regularis. *v. Koen.*
10. Natica. *Nyst. d'Orb.*
11. Dentalium Kickxii. *Nyst.*

Von dem Hermsdorfer Septarienthon unterscheidet sich der Pietspuhler dadurch, dass
ersterer dunkelblau, dieser hellgrau erscheint;
ersterer enthält mikroskopische Schwefelkieskrystalle in scharfen Octaedern,
letzterer enthält keine Schwefelkieskrystalle, sondern Gyps in linsenförmigen Zwillingskrystallen,
ersterer enthält wenig kohlensauren Kalk, daher dessen vortheilhafte Verwendung als Ziegelthon,
letzterer enthält viel Kalk und eignet sich durchaus nicht zur Ziegelfabrication, desto besser aber als Culturbeförderungsmittel für die sandige Beschaffenheit der benachbarten Ackerfelder als Mergel.

Die vom Professor Dr. Hellriegel in Dahme ausgeführte chemische Analyse des Pietspuhler Septarienthones ergab folgendes Resultat. Bei hundert Grad C. getrocknet enthielten:

	Die obere Schicht.	Die ganze Schicht, bei 16 Fuss Tiefe
Kali	0,663	1,617
Natron	1,036	1,728
Kalkerde	12,786	6,178
Magnesia	3,385	4,512
Eisenoxyd	5,780	5,706
Thonerde	10,116	7,243
Kieselsäure	48,121	58,512
Schwefelsäure	1,787	0,094
Phosphorsäure	0,021	0,253
Chlor	0,023	0,012
Kohlensäure	9,886	5,740
Gebundenes Wasser	4,098	4,967
Summa	99,503	98,195

In der nachfolgenden Arbeit sind fünfhundertsechsundfünfzig Formen abgebildet und beschrieben; es befinden sich hierunter mehrfach Uebergangsformen, welche füglich bei den benachbarten Arten untergebracht werden konnten; es erschien mir indessen nicht unwichtig, sie in dieser

Gestalt aufzunehmen, weil hierdurch ein Aufschluss über das Bildungsgesetz der Polythalamien gewonnen werden kann.

Im Allgemeinen darf man nicht annehmen, dass trotz des anscheinend reichen Materials an Arten, der Pietzpuhler Septarienthon überhaupt mit Foraminiferen stark angefüllt sei; der beim Schlemmen des Thones erhaltene Rückstand ergiebt ausser jenen noch eine reiche Fülle von unförmigen, in Brauneisenstein verwandelten, knorpeligen Gebilden, wahrscheinlich Steinkernen älterer Formen, so dass nur ein Minimum von bestimmbaren Schalenrückstand verbleibt, unter welchem die in der nachfolgenden Beschreibung mit „sehr häufig" bezeichneten Formen wiederum den überwiegendsten Antheil in Beschlag nehmen, wodurch endlich die Ausbeute anderer Foraminiferen-Gehäuse nur immer als eine „geringe" bezeichnet werden muss; nur bei Verarbeitung sehr grosser Massen von Thon ist auf eine erschöpfende Auffindung der darin enthaltenen Arten zu rechnen.

Es mag nicht überflüssig erscheinen, hier noch einige Angaben über die Methode des Schlemmens des Thones anzuführen.

Um das Zerfallen des kalkhaltigen Thones (Mergels) herbeizuführen, wird der an der Luft längere Zeit getrocknete Thon in ein Porzellangefäss von einem Fuss im Durchmesser bei drei Zoll Höhe gelegt und mit Wasser übergossen; sobald das Zerfallen beendet ist, wird das Gefäss drehend geschwenkt, wobei zunächst alle mit Luft gefüllten, losen Schaalen an die Oberfläche des Wassers gelangen, wo dieselben mit einem flachen Uhrglas-Schälchen abgefüllt und in einem besonderen Gefäss gesammelt, bei Seite gestellt werden, um demnächst unter Zugiessen reinen Wassers bei längerem Stehenlassen, die Luft aus den Schaalen auszutreiben, sie mit Wasser anzufüllen, wonach dieselben zu Boden fallen und ohne weitere Bearbeitung aufgefunden werden können; es finden sich in diesem Bodensatze gewöhnlich die kleinsten Schaalen, welche auf diese Weise meist unzerbrochen gewonnen werden. Was nun die Hauptmasse des Thones in dem grösseren Porzellangefässe anbetrifft, so wird unter Schwenken des mit Wasser gefüllten Gefässes der dünnflüssige Inhalt noch während des Rotirens desselben in ein grosses Zinkgefäss abgegossen und gesammelt; das Aufgiessen frischen Wassers, Umschwenken und Abgiessen wird so lange fortgesetzt, bis in dem Porzellangefäss nur noch ein grober Rückstand verbleibt, bestehend aus Molluskenstücken, knorpeligen Steinkernen, Gypskrystallen, unaufgelösten Thontheilen etc., endlich auch aus grösseren Foraminiferen; letztere sind mit blossem Auge oder mit der Lupe zu erkennen und werden mit Hülfe eines feinen Pinsels herausgenommen und gesammelt, worauf dieser Rückstand weggegossen wird. Demnächst wird das im Zinkgefäss gesammelte Material in der Art bearbeitet, dass ein Theil davon in das Porzellangefäss gebracht, so dass dasselbe ungefähr ein Fünftel ausgefüllt wird; hiernächst wird frisches Wasser, bis drei Viertel gefüllt aufgegossen, mit einem grossen weichen Pinsel gerührt und nach einigen Minuten die Hälfte des Inhaltes recht langsam, ohne dass ein starker Strom entsteht, weggegossen, in dieser Weise wird mit dem Schlemmen des in dem Porzellangefässe befindlichen Inhaltes fortgefahren, bis der Rest des Inhaltes anfängt sich zu klären, worauf letzterer in ein kleineres Porzellannäpfchen gebracht wird; hier prüft man, ob grössere Formen mit blossem Auge oder mit der Lupe sichtbar werden und holt dieselben mit dem Pinsel heraus; erst hiernach wird der Rest im Näpfchen mit einem weichen Pinsel sanft bearbeitet, um den anklebenden noch nicht aufgelösten Thon frei zu machen und durch Aufguss reinen Wassers die in dem Näpfchen befindlichen Foraminiferen-Schaalen nach und nach ganz frei und klar zu machen, welche in einem besonderen Gläschen gesammelt werden. In dieser Weise wird mit dem gesammelten Inhalte des im Zinkgefässe gesammelten Materials fortgefahren, bis dasselbe geleert ist.

Das von allen Thontheilen gereinigte Material im Gläschen wird nun mit einem feinen Pinsel auf den Objectträger in reinem Wasser ausgebreitet und bei einer schwachen Vergrösserung (25fach) durchgemustert; die brauchbaren Schaalen werden mit Hülfe eines sehr feinen Pinsels herausgezogen und in kleinen Glaskästen aufbewahrt; letztere bestehen aus zwei Objectträgern; auf dem einen ist durch einen Papierrand ein Hohlraum gebildet, der andere ist so angeklebt, dass er als Deckel dient; in diesem Hohlraum ist der eine, den Boden bildende Objectträger mit Gummiwasser bestrichen, worauf die gesammelten Foraminiferen mit nassem Pinsel leicht aufgeklebt werden und so von oben und unten unter dem Mikroskop leicht beobachtet werden können. Das Wiederherausnehmen der Schaalen aus diesen Glaskästen geschieht sehr einfach durch Aufweichen des Gummi mittelst des Pinsels. In solchen Glaskästen wird dann endlich die geordnete Sammlung sicher untergebracht und gestattet zu jeder Zeit eine leichte Uebersicht aller Formen.

von SCHLICHT.

Inhalt.

SEITE

Vierte Ordnung.

ENALLOSTEGIA D'ORBIGNY.

Fünfte Ordnung.

AGATHISTEGIA D'ORBIGNY.

Foraminifera

d'Orbigny.

Die Foraminiferen sind Rhizopoden ohne contractile Blase, mit zahlreichen, meistens reichlich anastomosirenden Pseudopodien und mit Körnerströmung in denselben; mit membranöser, chitinhaltiger, kalkiger oder sandig-kieseliger Schale.

Erste Ordnung.

MONOSTEGIA D'ORBIGNY.

Der Körper nur aus einem Segment bestehend, das Gehäuse daher aus einer einzigen ungetheilten, schaaligen oder membranartigen Kammer von verschiedener Gestalt zusammengesetzt.

I. LAGENA WALK.

Gehäuse kugelig, eiförmig oder länglich, oft in einen langen, dünnen Hals ausgezogen, selten zusammengedrückt. Mündung terminal, rund.

A. Mit biegsamer Schale.

No. 1.

Tafel I. Figur 1.

Die stets olivenbraune, kugelige Form ist durchscheinend ohne sichtbare Oeffnung; gewöhnlich ist dieselbe mit Thontheilen fest umlagert, aus welchen ein Schlauch hervorragt, welcher mit der lederartigen, durchscheinenden Schale selbst, verbunden ist; in Salzsäure löst letztere sich nicht auf, jedoch verliert dieselbe nach längerer Einwirkung der Säure ihre Durchscheinenheit und Farbe, die glänzende Oberfläche wird rauh; bei einigen Formen sieht man concentrische Absonderungen im Innern. Nicht selten; 0,25 mm. Durchmesser.

B. Mit kalkig poröser Schale.

No. 2.

Tafel I. Figur 2.

Vollständige Kugelform mit glänzender glasiger Oberfläche und äusserst feinen Poren. Eine Oeffnung nirgend sichtbar. Die wenigen aufgefundenen Formen sind ockergelb gefärbt und undurchscheinend. Sehr selten; 0,20 mm. Durchmesser.

No. 3.

Tafel I. Figur 3.

Vollständige Kugelform mit glasiger Oberfläche und feinen Poren. Eine Oeffnung nirgend sichtbar. Unterscheidet sich von der vorigen durch geringere Grösse und weniger Glanz der Schale. Selten; 0,14 mm. Durchmesser.

No. 4.

Tafel I. Figur 4.

Vollständige Kugelform mit matt glänzender runzliger Oberfläche voll grosser Poren. Eine Oeffnung nirgend sichtbar. Sehr selten; 0,40 mm. Durchmesser.

No. 5.

Tafel I. Figur 5.

Fast Kugelform, mit kurzer endständiger, stumpfer Mündung und glasiger, fein poröser Schale. Oeffnung fein gestrahlt. Selten; Länge 0,24 mm., Breite 0,20 mm.

No. 6.

Tafel I. Figur 6.

Gehäuse eiförmig mit scharf aufgesetzter Mündung; fein porös, am unteren Theile befindet sich eine Scheibe, jedoch ohne Stachel. Sehr selten; 0,25 und 0,10 mm.

No. 7.

Tafel I. Figur 7.

Eiförmig, mit allmälig zusammenlaufender Spitze. Schale glasig, fein porös; die Mündung ist ungestrahlt und verlängert sich nach innen in einer kurzen Röhre; 0,33 und 0,20 mm.

No. 8.

Tafel I. Figur 8.

Gehäuse breiteiförmig, unten breit gerundet; mit scharf aufgesetzter strahliger Mündung. Schale porös, wenig glänzend, fast rauh; sehr selten; durch ihre Grösse von den vorhergehenden Formen wesentlich verschieden; 0,43 und 0,31 mm.

No. 9.

Tafel I. Figur 9.

Spitzeiförmig, fast birnenförmig in eine kaum sichtbare, gestrahlte kurze Mündung zugespitzt. Die Schale rauh. Sehr selten; 0,38 und 0,21 mm.

No. 10.

Tafel I. Figur 10.

Birnenförmig, allmälig zur gestrahlten Mündung verlaufend, unten gerundet; die glasige, fein poröse Schale ist von der Axe abweichend mit dem oberen Theile seitwärts gebogen. Nicht selten; 0,27 und 0,12 mm.

No. 11.

Tafel I. Figur 11.

Die lang gestreckte, elliptische, glänzende, mit feinen Poren besetzte Schale hat am unteren Ende einen kurzen glasigen Stachel, der häufig abgebrochen ist und nur einen kurzen Stumpf zeigt. Der obere Theil zieht sich zur stumpfen Mündung zusammen, an welcher das Vorhandensein von Strahlen zweifelhaft bleibt. Länge 0,50 mm.; grösste Breite bei einem Drittel der Höhe vom Stachel an gerechnet 0,22 mm. Nicht selten.

No. 12.
Tafel I. Figur [illegible]

Der vorigen ähnlich, jedoch mehr walzenförmig und am oberen Ende spitzer zusammenlaufend; Mündung und Stachel der vorigen gleich; 0,54 und 0,18 mm.

No. 13.
Tafel I. Figur [illegible]

Vollkommen elliptisch, im übrigen mit den vorstehenden Formen übereinstimmend; die Mündung sehr schwierig zu erkennen; 0,43 und 0,16 mm.

No. 14.
Tafel I. Figur [illegible]

Es unterscheidet sich diese Form wesentlich von den vorhergehenden durch ihre, einem Weizenkorn ähnliche Gestalt; Stachel und Mündung wie bei den vorhergehenden Formen; 0,45 und 0,22 mm.

Die vorstehend in den Figuren 11, 20, 14 und 15 abgebildeten Formen sind vielleicht nur einzelne Bruchstücke von den, unter den Nodosarien, Tafel VII Fig. 1, 2, 3, 4, 10, 11, 13 aufgeführten.

No. 15.
Tafel I. Figur [illegible]

Eiförmig, im Uebrigen mit den vorstehenden Formen übereinstimmend; 0,30 und 0,15 mm.

No. 16.
Tafel I. Figur [illegible]

Gehäuse breiteiförmig, zur stumpfen gestrahlten Mündung allmälig verlaufend; glänzend, porös; am unteren, breit gerundeten Ende ein knopfartiger Ansatz. Häufig; 0,40 und 0,30 mm.

No. 17.
Tafel I. Figur [illegible]

Die glänzende Schaale ist von der Axe abweichend, am oberen Theile seitwärts gebogen und verlaufen die Seiten allmälig zur stumpfen, deutlich gestrahlten Mündung. Die grösste Breite liegt unter der Mitte des Gehäuses. Der untere Theil läuft zu einer Spitze aus, ohne Stachel; 0,62 und 0,19 mm.

No. 18.
Tafel I. Figur [illegible]

Die fast kugelförmige, glänzende, fein poröse Schaale spitzt sich allmälig zur deutlich gestrahlten Mündung zu; das untere, breit abgerundete Ende trägt den kräftigen, mitunter mehrfach gespaltenen Stachel, wie dies bei manchen stichostegischen Schaalen vorkommt, mit welchen diese Form überhaupt Aehnlichkeit hat, so dass man glauben könnte, es sei dieselbe, eine stichostegische Form, bei welcher sich nur die Embryonalkammer allein entwickelt hat, vergl. No. 80. Länge des Gehäuses ohne Stachel 0,58, grösste Breite auf ein Drittel der Höhe liegend 0,42. Länge des Stachels 0,17 mm. Selten.

No. 19.
Tafel I. Figur [illegible]

Die elliptische, schmale, zur gestrahlten Mündung scharf zugespitzte, glänzende Schaale ist am unteren, ebenfalls zugespitzten Ende mit einem langen scharfen Stachel versehen. Die grösste Breite liegt ungefähr auf ein Drittel vom unteren Ende. Länge ohne Stachel 0,24, Breite 0,08. Länge des Stachels 0,07 mm. Sehr selten.

No. 20.

Tafel I. Figur 13.

Die ziemlich rauhe Schaale ist spindelförmig, am oberen Ende sitzt der kurze, scharf angesetzte Hals, welcher die gestrahlte Mündung trägt; am unteren Ende ein wulstförmiger Ansatz; 0,38 und 0,10 mm. Sehr selten.

No. 21.

Tafel II. Figur 4.

An dem, wenig glänzenden, kugligen Körper sitzt der fast ebenso lange, ziemlich scharf angesetzte Hals, an dessen oberen Theil die feine, wulstförmige Mündung sich befindet. Am unteren breit gerundeten Ende befindet sich ein kurzer feiner Stachel; 0,17 und 0,13 mm. Sehr selten.

No. 22.

Tafel II. Figur 2.

Die mattglänzende, kugelige, poröse Schaale verläuft sich allmälig verschmälernd in den kurzen Hals; an dem unteren abgerundeten Ende befinden sich sieben gleichmässig vertheilte kurze Stacheln; 0,27 und 0,15 mm. Sehr selten.

No. 23.

Tafel II. Figur 1.

Das Gehäuse ähnlich der vorstehenden Form, nur dass anstatt der sieben kurzen Stacheln an dem unteren abgerundeten Ende sich ein knopfartiger Ansatz befindet; 0,32 und 0,18 mm. Selten.

No. 24.

Tafel II. Figur 6.

An dem glänzenden, elliptischen Körper ist der schmale Hals allmälig verlaufend angesetzt; das untere abgerundete Ende hat keinen Stachel; 0,26 und 0,09 mm. Selten.

No. 25.

Tafel II. Figur 3.

Aehnlich der vorigen, nur befindet sich am unteren Ende ein knopfartiger Ansatz; 0,27 und 0,10 mm. Selten.

No. 26.

Tafel II. Figur 5.

An der kugelförmigen rauhen Schaale ist der Hals ziemlich scharf angesetzt, die Seiten des letzteren sind parallel laufend; wahrscheinlich endigt derselbe in einer, dem Mundstück der Trompete ähnlichen Form; der Zustand des kalkigen Gehäuses erscheint mürber zu sein, als bei anderen Formen, da unter den mehreren aufgefundenen Exemplaren keines sich befindet, an welchem die Mündung unzerstört geblieben ist. Höhe des Körpers ohne Hals 0,30 mm., Breite 0,25 mm. Nicht selten.

No. 27.

Tafel II. Figur 7.

Die mattglänzende, schmal elliptische Schaale verläuft sich allmälig verjüngend in den Hals, dessen Seiten nicht parallel sich bis zur Mündung zuspitzen; der untere Theil ist abgerundet ohne Spitze; 0,27 und 0,08 mm. Nicht selten.

No. 28.
Tafel II. Figur 8.

An der mattglänzenden, porösen, fast walzigen Schaale ist der Hals scharf angesetzt und verläuft sich mit parallelen Seiten und fast gleicher Länge als der Körper, bis zur Mündung. Der untere Theil ist flach gerundet; wegen der Zerbrechlichkeit des Gehäuses ist kein Exemplar mit deutlicher Mündung gefunden. Der Körper ohne Hals 0,34 mm. lang und 0,15 mm. breit. Ziemlich selten.

No. 29.
Tafel II. Figur 11.

Der rauhe, poröse, melonenartig geformte Körper ist unten breit gerundet. Der allmälig sich verjüngende sehr schmale Hals ist stets länger als der Körper; derselbe ist an letzterem scharf angesetzt. Höhe des Körpers 0,15 mm., Breite des Körpers 0,09 mm., Länge des Halses 0,18 mm. Selten.

No. 30.
Tafel II. Figur 9.

Der eiförmige, nicht glänzende Körper hat an der Basis einen starken, scharf angesetzten, cylindrischen Stachel von einem Drittel der Körperlänge; der cylindrische, mit einer schwachen Wulst versehene Hals ist ziemlich scharf angesetzt, halb so lang als der Körper und endigt in einer lippenförmigen Mündung; 0,50 und 0,20 mm. Sehr selten.

No. 31.
Tafel II. Figur 10.

Der kugelige, nicht glänzende Körper trägt an der Basis einen kurzen stumpfen Stachel; der Hals verläuft konisch und hat am unteren Theile eine wulstartige Erweiterung, am oberen Theile zieht dieselbe sich zusammen und trägt die trompetenartige Mündung; der Hals hat zwei Drittel der Länge des Körpers; zehn, nur schwach sichtbare Rippen ziehen sich von der Basis über den ausgebauchten Theil des Gehäuses und Halses bis zur Mündung; 0,46 und 0,25 mm. Sehr selten.

No. 32.
Tafel II. Figur 12.

Das flaschenförmige, mattglänzende Gehäuse verläuft sich ohne Ausbauchung von der Basis allmälig in den langen schmalen röhrigen Hals, welcher einen lippenartig umgeschlagenen Rand als Mündung trägt. An der abgerundeten Basis befinden sich kurze, sehr feine Rippen, die jedoch nur bis zur grössten Breite des Gehäuses reichen, welche bei dieser Form sehr tief liegt; 0,30 und 0,08 mm. Selten.

No. 33.
Tafel II. Figur 13.

Der vorigen ähnlich, nur sind die Seiten mehr ausgebaucht und ist die glänzende Schaale nach allen Dimensionen grösser; 0,32 und 0,13 mm. Nicht selten.

No. 34.
Tafel II. Figur 14.

Der vorstehenden ähnlich, nur in allen Dimensionen grösser, der Hals verläuft in parallelen Seiten, die Basis ist nicht abgerundet, sondern flach und die Ausbauchung geringer; 0,64 und 0,15 mm. Nicht selten.

No. 35.

Tafel II. Figur [illegible].

Der vorstehenden Figur 16 ähnlich, der Hals allmälig sich verengend, die Schaale ist rauh und die Rippen an der Basis kaum sichtbar; 0,07 und 0,16 mm. Selten.

No. 36.

Tafel II. Figur [illegible].

Der vorstehenden Figur 14 ähnlich, jedoch ist das Gehäuse glänzend und bildet an der Basis eine fast ebene Fläche, von welcher aus die Ausbauchung schnell bis auf ungefähr ein Viertel der Höhe wächst und dann in gleichem Winkel zum langen feinen Schnabel verläuft; 0,04 und 0,13 mm. Nicht selten.

No. 37.

Tafel II. Figur [illegible].

Das flaschenförmige, glänzende, wenig ausgebauchte Gehäuse hat Aehnlichkeit mit den vorstehenden Formen, es unterscheidet sich jedoch von denselben durch die von der Basis bis zum Hals verlaufenden starken Rippen; 0,60 und 0,18 mm. Selten.

No. 38.

Tafel II. Figur [illegible].

Das Gehäuse ist glänzend, walzenförmig und an der Basis gerade abgestumpft; von der letzteren verlaufen die Rippen bis zum Halsansatze; 0,52 und 0,08 mm.

No. 39.

Tafel II. Figur [illegible].

Dieselbe Form nur ohne die langen Rippen; 0,50 und 0,10 mm.

No. 40.

Tafel II. Figur [illegible].

Das mattglänzende Gehäuse ist wegen des am unteren Ende befindlichen starken Stachels fast spindelförmig; jedoch ist die Basis des Körpers immer noch abgerundet; der Hals ist nur kurz; 0,27 und 0,08 mm. Sehr selten.

No. 41.

Tafel II. Figur [illegible].

Der vorigen ähnlich, nur in allen Dimensionen kleiner; 0,23 und 0,06 mm.

No. 42.

Tafel II. Figur [illegible].

Das spindelförmige, mattglänzende Gehäuse wird von sechs starken Rippen umgrenzt, welche aus dem sehr kräftigen Stachel am unteren Ende entspringen und bis zum Halsansatz fortlaufen. Der dünne Hals selbst ist nicht central angesetzt, sondern neigt sich schwach seitwärts; 0,40 und 0,10 mm.

No. 43.

Tafel II. Figur [illegible].

Der vorigen ähnlich, nur in allen Dimensionen kleiner; 0,29 und 0,07 mm.

No. 44.

Tafel II. Figur 17.

Das glänzende, breitflaschenförmige Gehäuse ist an der Basis gerundet; der röhrenförmige Hals setzt an dem stark ausgebauchten Körper schärfer ab, als bei den ähnlichen Formen. Die Rippen am unteren Ende sind kaum sichtbar, ziehen sich jedoch, wie bei den meisten anderen ähnlichen Formen, bis zum breitesten Umfange in die Höhe. Selten; 0,47 und 0,16 mm.

No. 45.

Tafel II. Figur 18.

Der vorigen ähnlich, nur in allen Dimensionen grösser; der Hals nicht scharf abgesetzt; die Rippen treten kräftiger hervor und gehen bis zur Hälfte des bauchigen Theiles der Schaale. Selten; Breite 0,18 mm.

No. 46.

Tafel III. Figur 4 und 13.

Das mattglänzende Gehäuse hat Aehnlichkeit mit Figur 21 Tafel II, nur ist die Basis nicht abgeflacht, sondern spitz zugerundet; die Seiten sanft ausgebaucht, fast cylindrisch. Die vierzehn Rippen gehen von der Basis bis zu dem feinen, röhrenförmigen Hals. Selten; 0,47 und 0,10 mm.

No. 47.

Tafel III. Figur 5 und 6.

Das glänzende Gehäuse ist am unteren Theile gerundet und bildet eine Beutelform, bei welcher die Seiten allmälig in den Hals verlaufen, ohne dass ein Absatz stattfindet; 18 starke geflügelte Rippen gehen von der Basis aus bis zur Mündung. Selten; 0,42 und 0,15 mm.

No. 48.

Tafel III. Figur 8 und 9.

Der vorigen in Gestalt ähnlich, nur sind die Rippen viel feiner bis 40 und verlaufen gewöhnlich nur bis zur breitesten Stelle des Bauches; der Hals setzt sich röhrenförmig an dem Körper ab. Selten; 0,56 und 0,17 mm.

No. 49.

Tafel III. Figur 9 und 12.

Der vorigen Figur 9 ähnlich, nur sind die vierundzwanzig Rippen kräftiger und reichen nur bis zur breitesten Stelle der Ausbauchung des Körpers; der röhrenförmige Hals ist scharf angesetzt. Sehr selten; 0,59 und 0,22 mm.

No. 50.

Tafel III. Figur 1 und 7.

Das glänzende, breitelliptische, selten kugelige, unten gerundete Gehäuse wird von sechsundzwanzig Rippen umfasst, die aus einer sternartigen Scheibe am unteren Theile entspringen, von denen unregelmässig nur sechs bis acht bis zur gesäumten Mündung sich verlaufen und den röhrigen, ziemlich scharf angesetzten Hals bilden. Nicht selten; 0,58 und 0,23 mm.

No. 51.

Tafel III. Figur 3 und 11.

Birnförmig, sonst der vorigen ähnlich, nur in allen Dimensionen kleiner. Die feinen Rippen verlaufen sich schraubenförmig in den scharf angesetzten Hals; 0,44 und 0,15 mm. Nicht selten.

No. 52.

Tafel III. Figur [illegible] und [illegible]

Gehäuse eiförmig und glänzend, unten gerundet; der zapfenartig verlaufende Hals ist kurz und endigt in einer abgerundeten Spitze ohne sichtbare Mündung; neun starke Rippen umschliessen den Körper. Nicht selten; 0,22 und 0,12 mm.

No. 53.

Tafel III. Figur [illegible] und [illegible]

Gehäuse kuglig, glänzend, unten gerundet und mit einer knopfartigen Scheibe versehen, aus welcher zwölf starke Rippen entspringen, welche den Körper umfassen und bis an den sehr kurzen zapfenartigen Hals verlaufen. Selten; 0,18 und 0,14 mm.

No. 54.

Tafel III. Figur [illegible] und [illegible]

Gehäuse regelmässig elliptisch, glänzend, am unteren, gerundeten Ende mit einem feinen Stachel versehen, aus welchem die zwölf starken Rippen hervorgehen, bis an das obere gerundete Ende verlaufend. Die trompetenartige Mündung sitzt ohne Halsansatz dicht auf dem Körper auf. Selten; 0,25 und 0,16 mm.

No. 55.

Tafel III. Figur 17 und [illegible]

Das glänzende, eiförmige Gehäuse ist am unteren gerundeten Theile mit einer polygonen Scheibe versehen, aus welcher dreizehn starke, den Körper umfassende, schwach geflügelte Rippen entspringen, welche am oberen Ende wulstartig endigen; der glatte Theil des Körpers verlängert sich zapfenartig zu einem kurzen Hals, welcher die Mündung ohne sichtbare Oeffnung trägt. Nicht selten; 0,31 und 0,10 mm.

No. 56.

Tafel III. Figur [illegible] und [illegible]

Körper regelmässig elliptisch mit glänzender Schaale; die acht starken Rippen sind mit weit hervorragenden scharfen Flügeln versehen und entspringen am unteren Ende aus einem hervortretenden Ringe; von den Rippen pflegt die Hälfte erst oberhalb des Ringes anzusetzen, jedoch geschieht dies nicht immer regelmässig, so dass die obere Durchschnitts-Ansicht nicht immer die reguläre Form erhält wie Figur 10, sondern ähnlich wie 15 erscheint. Die Rippen bilden am oberen Körperende eine Wulst, aus welcher der kurze zapfenartige geflügelte Hals heraustritt und ohne sichtbare Mundöffnung stumpf endet. Selten; 0,33 und 0,18 mm.

No. 57.

Tafel III. Figur [illegible] und [illegible]

Das glänzende, kugelige Gehäuse wird von neun sehr kräftigen, stark geflügelten Rippen umspannt, von denen ein Theil am unteren Ende sich durchkreuzt, ein anderer Theil innerhalb der Kugelsegmente am unteren Ende entspringt und dann am oberen Ende bis dicht unter die Mündung verläuft, wodurch der Hals eine vierkantige Form bekommt; auch bei dieser Form sind die Rippen nicht immer regelmässig vertheilt. Der obere Theil ist kurz kegelförmig. Sehr selten; 0,32 und 0,20 mm.

No. 58.

Tafel III. Figur [illegible]

Das birnenförmige, unten gerundete Gehäuse ist glänzend und hat einen langen, sehr dünnen, glasartigen, scharf angesetzten Hals, der mit einem feinen Mundsaum versehen ist.

Der Körper trägt kleine Grübchen, welche dichtgedrängt, linienartig von der Basis bis zum Halsansatz verlaufen. Nicht selten; 0,35 und 0,11 mm.

No. 59.

Tafel XXXVIII. Figur 58.

Der vorigen ähnlich, jedoch ist das Gehäuse schlank und gekörnt, der Hals kürzer, zur Axe schräg stehend, der Körper ist mit vertieften Längsfurchen geziert; die dadurch entstehenden leistenartigen Erhabenheiten zeigen sehr feine Querlinien, ähnlich den Schmetterlingsschuppen von Hipparchia Janira. Sehr selten; 0,38 und 0,09 mm.

No. 60.

Tafel III. Figur 25.

Das glänzende, lang elliptische, unten fast gespitzte Gehäuse ist mit feinen Stacheln an seiner ganzen Oberfläche dicht besetzt. Der dünne, glasartige, glatte Hals ist scharf angesetzt. Ziemlich selten; 0,32 und 0,10 mm.

No. 61.

Tafel III. Figur 27.

Das fast kugelige, mit feinen Stacheln dicht besetzte Gehäuse, trägt einen glasartigen, rauhen, röhrigen Hals von halber Körperlänge. Selten; 0,27 und 0,14 mm.

No. 62.

Tafel III. Figur 28.

Das kugelige, glasartige Gehäuse ist mit starken stumpfen Stacheln besetzt; der Hals ist kurz, zapfenartig. Sehr selten; 0,18 und 0,13 mm.

No. 63.

Tafel IV. Figur 1, 2 und 3.

Das glasige Gehäuse variirt in der Gestalt vom Langflaschenförmigen bis fast Kugeligen, wenig zusammengedrückt. Der lange, mit einem trompetenartigen Mundstück versehene, glasige Hals ist an dem Körper scharf angesetzt. Der dreitheilige Randsaum umschliesst den unteren gerundeten Körper, der mittlere, stark geflügelte Theil desselben, zieht sich auf beiden Randseiten bis zur Mitte des Halses hinauf, woselbst er glasartig ausläuft, während dessen Nebensäume nur bis zum Halsansatz hinaufgehen, dadurch entsteht am unteren Ende ein dicker, nach oben, dünner werdender Saum, der in seiner ganzen Breite gefranzt und bröckelig erscheint und gewöhnlich noch Thontheile und Unreinigkeiten enthält, die ihm das zerbröckelte Ansehen geben. Nicht selten; 0,31 und 0,11 mm.

No. 64.

Tafel IV. Figur 4, 5, 6.

Der glasartige, an der flachen Seite fast kreisrunde Körper ist zusammengedrückt. Der Rand ist am unteren Theile ohne Saum, letzterer fängt erst in der Mitte des Körpers an und verläuft sich von hier in gerader Linie auf beiden Seiten des scharf angesetzten kurzen Halses bis zur Mündung als dünner, glasheller, breiter Flügelsaum. Sehr selten; 0,23 und 0,12 mm.

No. 65.

Tafel IV. Figur 10, 11, 12.

Das glashelle, durchsichtige, zusammengedrückte, flaschenförmige Gehäuse ist mit feinen, bei auffallendem Lichte weiss, bei durchfallendem Lichte schwarz erscheinenden Strichelchen besetzt. Am unteren Ende befindet sich ein knopfartiger Ansatz, der Hals ist kurz und auf beiden Seiten, vom oberen Theile des Seitenrandes aus, mit einem, bis zur lippenförmigen Mündung verlaufenden, glashellen Flügelsaum eingefasst. Der innere Theil des Halses verlängert sich in manchen Exemplaren zu einem bis ins Innere des Körpers hinabreichenden Schlauch, nach Art der Entosolenien. Nicht selten; 0,23 und 0,12 mm.

II. Fissurina Reuss.

Gehäuse meistens zusammengedrückt, ohne Schnabel. Mündung spaltenförmig.

No. 66.

Tafel IV. Figur [illegible]

Das eiförmige, glänzende Gehäuse ist zusammengedrückt und trägt am unteren gerundeten Ende einen knopfartigen Ansatz, aus welchem je zwei, den Rand bildende Leisten entspringen, welche bis auf drei Viertel der Länge der Schalenoberfläche hinaufgehen. Die ovale fast runde Mundöffnung sitzt unmittelbar am oberen Theile des Körpers ohne Halsansatz. Nicht selten; Länge 0,24, Breite 0,16, Dicke 0,10 mm.

No. 67.

Tafel IV. Figur [illegible]

Gehäuse fast walzenförmig, an beiden Enden abgerundet, stark zusammengedrückt und glänzend. Der Rand ist auf jeder Seite von zwei, bis drei Viertel der Länge hinaufreichenden Leisten begrenzt. Die Mündung ohne Halsansatz ist fast rund. Selten; Länge 0,30, Breite 0,11, Dicke 0,08 mm.

No. 68.

Tafel IV. Figur [illegible]

Das glänzende, eiförmige, am unteren Ende mit knopfartigem Ansatze versehene Gehäuse ist zusammengedrückt, der Rand ohne Leisten ist gerundet. Die Breitflächen der Schale schliessen sich am oberen Ende nicht gleichseitig, sondern die eine ragt über der anderen hervor; die geschlitzte Mündung liegt oberhalb der kürzeren Schale; gewöhnlich findet sich von der Mündung nach innen gehend, ein bald längerer oder kürzerer Schlauch, welcher jedesmal an der, den längeren Schalentheil bildenden Fläche anklebt, ein Beweis, dass dieser Theil beim Absterben des Thieres nach unten gelegen hat. Selten; Länge 0,20, Breite 0,14, Dicke 0,12 mm.

No. 69.

Tafel IV. Figur [illegible]

Gehäuse tropfenförmig, sonst der vorigen ähnlich; 0,25, 0,12, 0,09 mm.

No. 70.

Tafel IV. Figur [illegible]

Der vorigen ähnlich, nur ohne Knopfansatz, mitunter am unteren Ende mit einem schmalen Saum umspannt. Das Gehäuse nicht glänzend. Selten; Länge 0,27, Breite 0,15, Dicke 0,12 mm.

No. 71.

Tafel IV. Figur 13, 14, 15.

Der glänzende, zusammengedrückte Körper bildet eine vollkommene Kreisscheibe, die allseitig von einem breiten Saum umfasst wird, der nach oben zu einem kurzen Hals sich ausdehnt, welcher die breitgeschlitzte Mündung trägt, die von einem lippenartigen Saum umschlossen wird, auch bei dieser Form findet sich der nach Innen verlaufende Schlauch. Selten; 0,19, 0,18, 0,10 mm.

No. 72.

Tafel IV. Figur 7, 8, 9.

Der vorigen ähnlich, mit weniger glänzenden Schaale; der breitere Rand ist weniger scharf und ein längerer Halsansatz vorhanden, welcher die fein geschlitzte Mündung trägt. Selten; 0,25, 0,20, 0,15 mm.

No. 73.

Tafel V. Figur 1, 2, 3.

Das glänzende, zusammengedrückte Gehäuse bildet auf der Flachseite eine Kreisscheibe, welche nur am oberen Ende durch den kurzen Schnabel unterbrochen wird. Die Schaale ist mit Poren dicht besetzt; ein schmaler scharf abgegrenzter Saum bildet den Rand, der am unteren Ende nach innen mitunter eingebuchtet erscheint; häufig entosolenienartiger Schlauch nach Innen verlängert; die Mündung ist dann wie bei No. 69 gebildet. Nicht selten; 0,31, 0,29, 0,22 mm.

No. 74.

Tafel V. Figur 4, 5, 6.

Das wenig glänzende, zusammengedrückte Gehäuse erscheint auf der Flachseite breiteiförmig, auf der Schmalseite birnenförmig; der kurze Schnabel trägt die sehr kleine, längliche, geschlitzte Mündung. Die Schaale ist mit feinen Poren besetzt. Der Rand ohne Saum ist gerundet. Sehr selten; 0,28, 0,22, 0,15 mm.

No. 75.

Tafel V. Figur 7, 8, 9.

Das glänzende, zusammengedrückte, eiförmige Gehäuse ist mit feinen Poren besetzt; im Innern desselben haben sich auf jeder Seite zwei sichelförmige Räume abgesondert, welche an der Aussenseite der Schaale eine kaum sichtbare Erhebung bewirken, diese Sicheln sind am unteren und oberen Ende abgerundet und erreichen sich nicht. Der gerundete Rand ist mitunter durch einen schmalen Saum eingefasst, das untere Ende häufig etwas ausgebuchtet. Die langgeschlitzte Mündung sitzt auf einem nur kurzen Schnabel. Nicht selten; 0,33, 0,25, 0,16 mm.

No. 76.

Tafel V. Figur 13, 14, 15.

Das glänzende, stark zusammengedrückte, poröse Gehäuse ist kreisrund; im Innern haben sich auf jeder Seite zwei concentrische, am oberen Ende geöffnete schmale Kreise abgesondert. Der Rand ist scharf gekielt und trägt am oberen Ende den kurzen Schnabel mit einer langgeschlitzten Mundöffnung. Sehr selten; 0,31, 0,26, 0,15 mm.

No. 77.

Tafel V. Figur 10, 11, 12.

Der spitzeiförmige, sehr zusammengedrückte, glänzende Körper, wird von einem breiten Saum umrandet und hat am unteren Ende einen knopfartigen Ansatz. Der Rand öffnet sich breit am oberen Theile und lässt den länglichen Schnabel mit der langgeschlitzten Mundöffnung durchtreten. Sehr selten; 0,41, 0,27, 0,15 mm.

No. 78.

Tafel V. Figur [illegible]

Der eiförmige, sehr zusammengedrückte, glänzende Körper wird im Innern von einem breiten Bande umfasst, welcher unterhalb des verlängerten Schnabels geöffnet ist; der breite Rand ist scharf gekielt und öffnet sich am oberen Ende, um den zugeschärften Schnabel mit der Mundöffnung im breitgeöffneten Schlitz hindurchzulassen; ein kurzer Schlauch von der Mündung zum Innern des Körpers findet sich auch bei dieser Form. Sehr selten; 0,41, 0,30, 0,23 mm.

No. 79.

Tafel V. Figur [illegible]

Der kleine, glänzende, breiteiförmige Körper wird von einem scharfen Saum eingefasst, welcher am unteren Ende in drei Spitzen lappenartig sich ausdehnt. Die Mundöffnung ist langgeschlitzt und sitzt auf einem kurzen Schnabel, ein kurzer Schlauch führt nach dem Innern des Körpers. Sehr selten; 0,17, 0,15, 0,08 mm.

Zweite Ordnung.

STICHOSTEGIA D'ORBIGNY.

Die Kammern des kalkigen, glasig glänzenden, von sehr feinen Porencanälen durchzogenen, gleichseitigen Gehäuses, stehen sämmtlich in einfacher, gerader oder wenig gebogener Reihe über einander, oder es sind in wenigen Fällen nur die ältesten Kammern spiral eingerollt, die übrigen in gerader Reihe angeordnet. Die Mündung einfach, mit wenigen Ausnahmen endständig.

I. GLANDULINA D'ORB.

Gehäuse meist kurz, im Querschnitte rund, gerade. Kammern sämmtlich in gerader Reihe stehend. Nähte linear, rechtwinklig zur Hauptaxe. Mündung terminal, rund; jede jüngere, den oberen Theil der nächstälteren Kammer rings umfassend.

Die Familie der Glandulinen, welche aus dem Septarienthon von Pietzpuhl hervorgegangen ist, zeigt einen grossen Formenreichthum; dabei gehen die Arten oft so unmerklich in einander über, dass es schwierig ist, eine Trennungslinie zwischen ihnen zu ziehen; ich habe in den gegebenen Abbildungen die hervorragenden Formen darzustellen versucht, bemerke jedoch, dass unter der grossen Anzahl gesammelter Exemplare, welche als Dubletten aufbewahrt werden, die verschiedenartigsten Zwischenformen sich vorfinden.

Das Auffinden dieser Schaalen wird dadurch wesentlich erleichtert, dass man den trockenen Thon in ein hohes Gefäss mit Wasser bringt, worauf die beim Auseinanderfallen des Thones lose gewordenen, leeren Schaalen an die Oberfläche des Wassers gelangen und auf diese Weise leicht abgeschöpft werden können.

No. 80.

Tafel VI. Figur 1.

Das fast kugelförmige, glänzende Gehäuse ist am unteren Ende mit einem kurzen Stachel versehen. Die gestrahlte Mündung erhebt sich wenig über den Körper, nur zwei Kammern, von denen die untere sehr niedrig, die andere sechsmal höher ist; die Trennungsnaht kaum sichtbar. Häufig: 0,50 und 0,40 mm.

No. 81.

Tafel VI. Figur 2.

Der vorigen sehr ähnlich, nur grösser und am unteren Ende mit zwei Kammern von gleicher Höhe versehen, daher das Gehäuse länger; die Mündung mehr erhöhet; 0,80 und 0,34 mm.

No. 82.

Tafel VI. Figur 3.

Das eiförmige, glänzende Gehäuse trägt am unteren Ende einen Stachel; nur zwei Kammern, von denen die untere ungefähr ein Viertel der Höhe des Gehäuses einnimmt; die gestrahlte Mündung sitzt auf dem nach oben gestreckten Körper. Die Trennungsnaht wenig sichtbar. Häufig; 0,75 und 0,45.

No. 83.

Tafel VI. Figur 4.

Das glänzende, eiförmige Gehäuse trägt am unteren Ende einen feinen Stachel. Die Embryonalkammer nimmt ein Fünftel der Höhe ein. Die zweite Kammer reicht bis zur Mitte der Schale und über der Trennungsnaht mit der dritten oberen Kammer befinden sich in regelmässigem Abstande neun warzenförmige Höcker. Die gestrahlte Mündung erhebt sich wenig über die Wand der dritten Kammer. Sehr selten; 0,84 und 0,52 mm.

No. 84.

Tafel VI. Figur 5.

Das walzenförmige, glänzende Gehäuse trägt am unteren Ende einen feinen Stachel. Die erste Kammer ist niedrig und nimmt nur ein Viertel der Höhe der ganzen Schale ein, die zweite Kammer ist ausgebaucht und reicht bis zur Hälfte, während die dritte, weniger breite Kammer, die andere Hälfte des Gehäuses einnimmt; an den Zwischennähten findet eine sanfte Einschnürung statt; die Form ist daher an der unteren Hälfte breiter, als an der oberen, ungefähr in der Art wie Figur 18. Die Zeichnung in Figur 5 ist daher nicht ganz correct. Die gestrahlte Mündung ist stumpf aufgesetzt. Selten; 0,83 und 0,45 mm.

No. 85.

Tafel VI. Figur 6.

Das breitspindelförmige, unten und oben fast gleichmässig zugespitzte Gehäuse hat am unteren Ende einen feinen Stachel. Die beiden unteren Kammern nehmen zusammen ein Drittel, die obere dagegen zwei Drittel der Höhe ein. Die Nähte sind mitunter sanft eingeschnürt; die gestrahlte Mündung ist stumpf kegelförmig aufgesetzt. Häufig; 0,93 und 0,55 mm.

No. 86.

Tafel VI. Figur 7.

Der vorigen ähnlich, nur kleiner; am unteren Ende befinden sich vier gleich hohe Kammern, die fast bis zur Mitte sich vertheilen; 0,78 und 0,43 mm.

No. 87.

Tafel VI. Figur 8.

Der vorigen ähnlich, nur noch kleiner und schlanker; nur zwei Kammern, von welchen die untere ein Drittel der Länge einnimmt; 0,60 und 0,30 mm.

No. 88.

Tafel VI. Figur 9.

Das breitspindelförmige, glänzende Gehäuse ist am unteren Ende gleichzeitig zugespitzt und mit feinem Stachel versehen. Die beiden unteren, gleich hohen Kammern nehmen etwas über ein Drittel der Höhe der Schaale ein, während die dritte Kammer den Rest allein ausfüllt. Die Nähte sind deutlich sichtbar und treten wenig hervor. Die weite gestrahlte Mündung ist fast ohne Erhöhung aufgesetzt. Sehr selten; 1,20 und 0,65 mm.

No. 89.

Tafel VI. Figur 10.

Das glänzende, aufgeblasene, breiteiförmige Gehäuse ist am unteren Ende scharf zugespitzt, mit centralem Stachel; die drei, gleich hohen Kammern des unteren Endes nehmen ein Viertel der Höhe ein, während die folgende Kammer drei Viertel der Höhe für sich einnimmt. Die gestrahlte Mündung steht auf einem niedrigen stumpfen Kegel. Nicht selten; 0,04 und 0,07 mm.

No. 90.

Tafel VI. Figur 11.

Aehnlich wie Figur 3, nur fehlt der centrale Stachel. Häufig; 0,80 und 0,60 mm.

No. 91.

Tafel VI. Figur 12.

Das glänzende, am unteren Ende gerundete Gehäuse wird von drei Kammern gebildet, von welchen die obere zwei Drittel der Länge des Gehäuses einnimmt und die nächstfolgende umfasst, so dass die Trennungsnaht dieser beiden Kammern scharf hervortritt; die Embryonalkammer nur halb so hoch als die darüber befindliche. Die gestrahlte Mündung kegelförmig. Nicht selten; 0,82 und 0,50 mm.

No. 92.

Tafel VI. Figur 13.

Das eiförmige, glänzende Gehäuse ist an beiden Enden fast gleichmässig gerundet, die erste Kammer niedrig, die zweite reicht bis über ein Drittel der Länge. Die dritte Kammer nimmt fast zwei Drittel für sich in Anspruch; die gestrahlte Mündung sitzt auf einem kurzen Kegel. Nicht selten; 0.77 und 0.40 mm.

No. 93.

Tafel VI. Figur 14.

Das vollkommen walzenförmige, glänzende Gehäuse wird von drei Kammern gebildet, von welchen die mittlere etwas niedriger ist, als jede der beiden anderen; das obere und untere Ende ist gleichmässig stumpf zugespitzt, die gestrahlte Mündung sitzt ohne Kegel auf. Sehr selten; 0,80 und 0,40 mm.

No. 94.

Tafel VI. Figur 15.

Das glänzende, zapfenförmige Gehäuse wird von vier bis fünf Kammern gebildet, von welchen die letzte die Hälfte der Höhe des Gehäuses einnimmt. Die einzelnen Kammern sind schwach gebaucht und das untere Ende ist breit gerundet. Die gestrahlte Mündung sitzt auf der allmälig zugespitzten letzten Kammer. Nicht selten; 1,02 und 0,50 mm.

No. 95.

Tafel VI. Figur 14.

Das zapfenförmige, rauhe Gehäuse wird von fünf bis sechs Kammern gebildet, von welchen die unteren fast gleich hoch sind, nur die letzte nimmt ein Drittel der Höhe für sich ein und hat dieselbe in ihrer Mitte die stärkste Ausbauchung, von da ab spitzt sich das Gehäuse nach unten, ohne Einschnürung der Kammern allmälig zu; nach oben schliesst es in einer abgerundeten Spitze. Die gestrahlte Mündung ist wenig über der letzten Kammer erhöht. Nicht selten; 1,10 und 0,50 mm.

No. 96.

Tafel VI. Figur 16.

Die obere, sehr stark ausgebauchte, die Hälfte der Höhe einnehmende Kammer trägt auf einem kurzen Kegel die gestrahlte, stumpfe Mündung; die folgenden vier Kammern, welche von gleicher Höhe sind, fallen schnell ab zur stumpfen Spitze.

No. 97.

Tafel VI. Figur 17.

Die glänzende, fast kugelige, nur aus zwei Kammern bestehende Form ist am unteren Ende flach gerundet, einzelne Exemplare zeigen daselbst einen kurzen feinen Stachel; die erste Kammer kaum ein Viertel der Höhe des Gehäuses; die obere stark ausgebauchte Kammer trägt auf einem stumpfen Kegel die gestrahlte Mündung; die Trennungsnaht zwischen beiden Kammern wenig eingeschnürt. Nicht selten; 0,84 und 0,63 mm.

No. 98.

Tafel VI. Figur 18.

Das glänzende, am oberen Ende zugespitzte, am unteren Ende breit ausgebauchte Gehäuse hat eine niedrige Embryonalkammer, die zweite, sehr ausgebauchte Kammer reicht bis auf zwei Drittel der Höhe des Gehäuses, die letzte, sich schnell zusammenziehende, trägt auf kurzem Kegel die gestrahlte Mündung. Sehr selten; 0,75 und 0,40 mm.

No. 99.

Tafel VI. Figur 21.

Das glänzende Gehäuse ist walzenförmig an beiden Enden gleichmässig geformt und ausgebildet; drei Kammern, von welchen die mittlere die höchste ist, sind durch zwei einschnürende Nähte von einander getrennt, welche unter sich nicht parallel sind und auch zur Längsaxe schief stehen. Das obere wie auch das untere Ende sind dadurch merkwürdig, dass an jedem eine, auf kurzem Kegel stehende gestrahlte Mündung sich befindet. Als eine besondere Art darf man dergleichen doppelmündige Formen wohl nicht bezeichnen, vielmehr kann man sie als Zwillingsverwachsungen ansehen, die einer bestimmten Art im vorliegenden Falle der Figur 11 abgebildeten angehören.*)

No. 100.

Tafel VI. Figur 19.

Das spindelförmige, glänzende Gehäuse ist am unteren Ende scharf zugespitzt; die drei unteren, unter sich gleich hohen Kammern reichen bis zur Hälfte der Gesammthöhe, die letzte Kammer nimmt die andere Hälfte ein. Nicht selten; 0,47 und 0,17 mm.

*) Es kommen dergleichen Verwachsungen von zwei Individuen übrigens gar nicht selten vor, fast in allen Familien finden sich dieselben und werde ich am Schlusse jeder Familie die aufgefundenen Verwachsungen besonders bezeichnen.

Der Umstand, dass stets eine oder mehrere der Nähte zur Hauptaxe schief geneigt sind, dürfte es wohl gebieten, diese Formen nicht zu den Glandulinen zu bringen, sondern sie als Uebergangsformen zu den Knallostegiern zu stellen.

Auf Tafel XXV. in den Figuren 1—10 finden sich die Uebergänge unserer vorstehenden Art bis zu der ausgesprochensten Form der Knallostegier. Die Vergrösserung der Figur 10 ist im Verhältniss von 58:1.

No. 101.

Tafel VI. Figur 21.

Die glänzende Schale dieser kleinen Form (der Maassstab der Zeichnung zu Figur 21 ist 68:1) besteht aus drei Kammern, deren Höhe wechselt, indem dieselben in manchen Exemplaren gleich hoch, in anderen die mittlere niedriger und die letzte Kammer höher als die erste ist; der untere Theil immer gerundet (die Zeichnung ist durch ein Versehen bei der Correctur nicht richtig ausgefallen, indem alle Kammern dieselbe Breite zeigen müssen und die untere gerundet ist). Die jüngeren Kammern greifen über die älteren, die Nähte sind tief eingeschnitten. Die Mündung, etwas erhöhet, ist gestrahlt; 0,43 und 0,20 mm. Sehr selten.

II. NODOSARIA D'ORB.

Die Kammern des schmalen, stark verlängerten Gehäuses stehen in vollkommen gerader Reihe einfach über einander, ohne sich zu umfassen. Die letzte Kammer sich zu einem centralen Schnabel zusammenziehend, der die runde Mündung trägt.

No. 102.

Tafel VI. Figur 22.

Das glasglänzende, kleine Gehäuse, dessen Zeichnung im Maassstabe von 68:1 in Figur 22 wiedergegeben ist, bildet einen fast cylindrischen Zapfen, die oberste Kammer etwas aufgeblasen trägt die niedrige gestrahlte Mündung, die anderen Kammern verjüngen sich nach unten, sowohl in der Breite als Höhe, die erste Kammer unten gerundet ist etwas höher als breit; Höhe 0,43 mm. Sehr selten.

No. 103.

Tafel VI. Figur 23.

Das mattglänzende, aus sechs fast gleich hohen Kammern gebildete Gehäuse ist schwach konisch gebildet, indem die letzte Kammer mit der spitz zulaufenden fein gestrahlten Mündung am breitesten; die erste, unten gerundete Kammer, ist kugelig und breiter als die folgende, cylindrische; die übrigen Kammern nur sehr wenig gebaucht. Sehr selten; 1,20 mm.

No. 104.

Tafel VI. Figur 24.

Das mattglänzende, in der Anordnung der kugligen, fünf bis acht Kammern unregelmässig ausgebildete, selten etwas gebogene Gehäuse, ist dadurch ausgezeichnet, dass die obere längliche Endkammer stets kleiner als die nächstfolgende ist; die erste Kammer ist halbkugelig, die folgende, oft nur sehr kurze zapfenförmige, daran gesetzt; die übrigen in unregelmässigen Grössenverhältnissen folgenden stark gebauchten Kammern sind durch schmale, tiefe Nähte von einander getrennt. Die gestrahlte Mündung sitzt stumpf auf. Nicht selten; 0,10 mm.

No. 105.

Tafel VI. Figur 26.

Die acht Kammern dieser glänzenden, wenig gebogenen Form sind gleich hoch und wenig ausgebaucht, die Nähte schmal, die oberste Kammer fast kugelförmig, trägt die sehr kleine gestrahlte Mündung stumpf aufgesetzt; das untere Ende ist gerundet mit länglicher erster Kammer, die zweite schmal und konisch. Sehr selten; 0,72 mm.

No. 106.

Tafel VI. Figur 27.

Diese, aus acht, nach oben an Grösse zunehmenden, elliptischen Kammern bestehende Species hat ein mattglänzendes Gehäuse. Die letzte rundeiförmige, etwas seitwärts geneigte Kammer, trägt die aus sechs regelmässig im Kreise vertheilten Oeffnungen bestehende Mündung stumpf aufgesetzt; die erste, kleine und verlängerte Kammer ist mit einem kurzen Stachel versehen. Die Nähte breit. Sehr selten; 0,95 mm.

No. 107.

Tafel VI. Figur 28.

Die gleich grossen Kammern dieser Form sind elliptisch, nur die erste, mit einem centralen Stachel versehene, ist kugelförmig, durch sehr breite und tiefe Nähte, welche mitunter die Form von dünnen, ziemlich langen Cylindern annehmen, von einander getrennt. Die letzte grösste Kammer dehnt sich nach oben zu dem langen, röhrigen Schnabel aus, welcher scharf angesetzt ist. Das ganze aus vier Kammern bestehende Gehäuse ist mit Stacheln besetzt, unter welchen die glänzende Schale hindurchscheint. Nicht selten; 1,30 mm.

No. 108.

Tafel VI. Figur 29.

Der vorigen ähnlich, nur kleiner, die Nähte sind schmaler, der Schnabel verläuft sich allmälig zur spitzen Mündung und die Kammern vergrössern sich von unten nach oben. Nicht selten; 1,09 mm.

No. 109.

Tafel VI. Figur 30.

Das nicht glänzende, mit Rauhigkeiten bedeckte Gehäuse verjüngt sich wenig nach unten ohne Einschnürungen durch die kaum sichtbaren Nähte; nur die obere kuglige Kammer lässt mitunter eine Trennung erkennen. Der kurze röhrenförmige Schnabel ist scharf aufgesetzt; die erste Kammer unregelmässig gerundet. Häufig; 0,07 mm.

No. 110.

Tafel VI. Figur 31.

Das rauhe, mit Stacheln besetzte Gehäuse verjüngt sich nach unten zur Spitze; die Nähte nur bei den oberen Kammern, welche wenig ausgebaucht, sind sichtbar; die Mündung wahrscheinlich wie bei Figur 29. Sehr selten; 0,50 mm.

No. 111.

Tafel VI. Figur [illegible]

Das glänzende, mit Rauhigkeiten bedeckte Gehäuse besteht nur aus einer kugelförmigen und einer darauf sitzenden konischen Kammer, welche den röhrigen kurzen Schnabel trägt. Die erste Kammer ohne Stachel. Selten; 0,34 mm.

No. 112.

Tafel VII. Figur 1.

Das sehr kleine glasige Gehäuse besteht nur aus zwei Kammern, von welchen die untere lang, die obere schmal elliptisch ist; an ersterer befindet sich an der Basis eine Kreisscheibe, welche darauf hindeutet, dass an der unteren Kammer ein Stachel ansitzt. Die Naht scharf einschnürend, ist schmal. Die wenig zugespitzte Mündung stets mit einer sehr kurzen, röhrenartigen Verlängerung nach innen. Nicht selten; 0,43 mm.

No. 113.

Tafel VII. Figur [illegible]

Das kleine glänzende Gehäuse besteht aus drei verschiedenartig geformten Kammern, von denen die unterste stets kugelförmig, mit einem kurzen Stachel versehen ist; die nachstfolgende, durch eine schmale, wenig eingeschnürende Naht davon getrennte, ist viel kleiner und elliptisch geformt, die oberste ist kugelförmig und durch scharf eingeschnürte Naht von der mittleren getrennt; die feingestrahlte, etwas erhobene Mündung sitzt stumpf auf. Selten; 0,67.

No. 114.

Tafel VII. Figur [illegible]

Die elliptischen, fast tropfenartig gebildeten Kammern sind durch tief einschnürende, breite Nähte geschieden. Die Schaale ist glänzend, glatt; das Grössenverhältniss der einzelnen Kammern wechselt, im Allgemeinen sind sie gleich gross, ob die erste Kammer mit einem Centralstachel versehen ist, bleibt mir zweifelhaft, da an den aufgefundenen Exemplaren nur Rudimente zu erkennen sind, welche möglicher Weise von Nähten abgebrochener Kammern herrühren können. Die jüngste Kammer verlängert sich zu einem langen, oft verdickten Schnabel, ähnlich wie in den Figuren 16—20, Tafel VII. Nicht selten; 0,70 mm.

No. 115.

Tafel VII. Figur [illegible]

Die Form der Kammern ist langherzförmig, die erste mit einem Stachel versehene Kammer stets grösser als die darüber befindliche; Schaale glänzend; Naht flach, nicht stark einschnürend. Ziemlich selten; 0,68 mm.

No. 116.

Tafel VII. Figur [illegible]

Diese glasglänzende, etwas gebogene Form ist in Bezug der Ausbildung der Kammern nicht constant, indem einzelne Exemplare sich vorfinden, bei welchen sämmtliche Kammern gleich breit, andere, bei welchen die erste und letzte Kammer schmäler sind, als die mittleren; auch die erste stets gerundete Kammer ist bald oval, bald kugelförmig; sonst sind die Kammern sämmtlich lang oval und greift die jüngere stets über die ältere Kammer über; bei der Durchsichtigkeit der Schaale sind die verdeckten Mündungen innerhalb des Gehäuses bei allen Abtheilungen zu erkennen. Die feingestrahlte Mündung sitzt stumpf auf. Ziemlich selten. 0,50 mm.

No. 117.

Tafel VII. Figur 6.

Das glasglänzende, unten gerundete Gehäuse besteht aus ungleichen Kammern, von denen die drei unteren niedrig und gleich gross sind, die folgende grösser, mehr lang als breit, die folgende noch grösser und länger und die letzte fast kugelförmig ist; auf derselben befindet sich die röhrenförmige, schief angesetzte, kurze Mündung; auch bei dieser Form umfassen die jüngeren Kammern die älteren. Sehr selten; 0,44 mm.

No. 118.

Tafel VII. Figur 7.

Die glasige, sehr kleine Schaale besteht aus 6 kugeligen Kammern, die letzte verlängert sich zu einer, mit lippenartigem Saum versehenen Mündung. Sehr selten; 0,33 mm.

No. 119.

Tafel VIII. Figur 18.

Gehäuse glasig, glatt; die Kammern walzenförmig, die Nähte ohne irgend welche Einschnürung; die letzte Kammer spitzt sich zur Trompetenmündung zu. Selten; 0,46 mm.

No. 120.

Tafel X. Figur 24.

Das glasige Gehäuse wird von acht Kammern gebildet, von denen die erste kugelig, die folgenden walzenförmig sind, allmälig in Breite und Höhe wechselnd, ohne Einschnürung der Nähte, die drei letzten gleich grossen Kammern sind stark gebaucht und doppelt so gross als die ersten. Die letzte grösste Kammer spitzt sich in einen röhrigen Schnabel aus. Sämmtliche Kammern stehen normal zu den Nähten. Das Gehäuse ist am unteren Theile gebogen. Sehr selten; 0,82 mm.

No. 121.

Tafel X. Figur 25.

Der vorigen ähnlich, nur ist die letzte Kammer kegelförmig und kleiner als die vorhergehende und das Gehäuse kleiner, wahrscheinlich eine Jugendform. Sehr selten; 0,42 mm.

No. 122.

Tafel X. Figur 27.

Das aus acht Kammern bestehende glänzende Gehäuse ist unten gebogen, die erste Kammer halbkugelförmig, die folgenden walzenartig, dann wachsen die Kammern nach oben in der Längsrichtung bei gleicher Breite und nehmen eine herzförmige nach unten erweiterte Gestalt mit starker Ausbauchung an, die letzte Kammer spitzt sich zur Mündung kegelförmig zu. Die Nähte stehen normal zu den darüber befindlichen Kammern und schnüren ziemlich stark ein. Selten; 1,00 mm.

No. 123.

Tafel VII. Figur 8.

Das aus neun bis zehn cylindrischen Kammern bestehende, glänzende Gehäuse ist lang und dünn, und verjüngt sich nach unten, die erste Kammer sehr klein und fast kugelförmig, die darüber befindlichen nehmen in regelmässiger Proportion sowohl an Länge als Dicke zu (wobei die Dicke jeder Kammer zur Länge sich verhält wie 1:6), so dass die jüngste Kammer die längste und breiteste ist. Die Nähte sind ähnlich den Knoten der Getreidehalmen gebildet. Die jüngste Kammer verlängert und verjüngt sich allmälig zu einem röhrigen, feinen Schnabel mit der schwach erweiterten Mundöffnung.

Es scheint, als ob diese Art vielfach variirt, denn unter der grossen Anzahl gesammelter Formen finden sich solche mit ganz fein auslaufender, immer aber cylindrischer Spitze, andere, bei welchen die erste Kammer grösser als die folgende ist; einzelne Exemplare sind sanft gebogen, während die meisten gerade sind; auch in Hinsicht der Grösse scheinen bedeutende Unterschiede vorzukommen, da einzelne Formen, von welchen leider nur Bruchstücke aufgefunden wurden, auf die doppelte Grösse als die meisten anderen schliessen lassen. Nicht selten; 2,43 mm.

No. 124.

Tafel VII. Figur 9.

Der vorigen ähnlich, nur darin unterschieden, dass die ersten Kammern kürzer sind und der röhrige dünne Schnabel auf der letzten Kammer scharf aufgesetzt ist. Diese Art ist überhaupt kleiner und constanter. Nicht selten; 1,75 mm.

No. 125.

Tafel VII. Figur 10.

Das glänzende Gehäuse besteht aus lang gezogenen nach unten tropfenförmigen Kammern, welche in sehr feinen Nähten zusammenhängen. Der Schnabel verläuft sich allmälig und endigt in einem feinen Saum als Mündung; bei der Zerbrechlichkeit dieser zarten Form ist es nicht gelungen, ein vollkommenes Exemplar dieser Art zu gewinnen, daher über die Anzahl der Kammern kein Aufschluss gegeben werden kann. Selten; bei zwei Kammern = 1,08 mm.

No. 126.

Tafel VII. Figur 11.

Der vorigen ähnlich, nur kleiner. Selten; bei drei Kammern = 1,09 mm.

No. 127.

Tafel VII. Figur 14.

Das äusserst feine, fast konisch geformte Gehäuse, mit lippenförmiger Mündung, hat am unteren Ende eine röhrenförmige Verlängerung, welche das Bruchstück einer daranhängenden Kammer zu sein scheint. Bruchstücke dieser Form finden sich häufig, es gelingt aber selten, mehr als zwei zusammenhängende Glieder zu erhalten; die unteren Glieder werden nach unten kürzer; ein einzelnes Glied hat die Länge von 0,35 mm.

No. 128.

Tafel VII. Figur 13.

Das haarfeine, nur wenig von der Cylinderform abweichende, wenig glänzende Gehäuse verläuft sich nach oben allmälig und endet in einem wenig geöffneten Mundsaum; ein unzerbrochenes Exemplar ist nicht aufzufinden, daher eine Angabe der Anzahl der Kammern nicht möglich war. Selten; 1,50 mm.

No. 129.

Tafel VII. Figur 12.

Die Kammern des glänzenden Gehäuses ähneln denen in Figur 11; an Stelle der Naht befindet sich eine zur Kugel gestaltete Anschwellung, auf welcher der lange spitz pyramidale Schnabel aufsitzt, welcher am Ende sich zur Mündung etwas erweitert. Sehr selten; 0,06 mm.

No. 130.

Tafel VII. Figur 14.

Die jüngste Kammer des glänzenden Gehäuses hat eine Flaschenform, deren Hals allmälig sich zuspitzt und mit einem feingestrahlten Aufsatz pfropfenartig geschlossen erscheint; die nächstfolgenden drei bis vier Kammern, durch breite flache Nähte von einander geschieden, fallen sehr ab und endigen in länglichen, fast walzenförmigen, schmalen Formen, wahrscheinlich mit einer centralen Spitze, das ganze Gehäuse oft gebogen. Ziemlich selten; 0,78 mm.

No. 131.

Tafel VII. Figur 15.

Die Kammern des glasigen Gehäuses sind gleich gross und haben Flaschenform, am oberen Theile des Halses jeder Kammer befindet sich die etwas angeschwollene Naht und geht aus jener der untere Ansatz des scharf angesetzten breiten Theiles der nächsten Kammer heraus. Das Gehäuse ist wenig gekrümmt. Die jüngste Kammer trägt einen feingestrahlten, pfropfenartigen Aufsatz. Ziemlich selten; 0,80 mm.

No. 132.

Tafel VII. Figur 19.

Der vorigen ähnlich, nur sind die Kammern ungleich, daher auch die Zwischenräume unregelmässig ohne Einschnürung verlaufen; die erste Kammer läuft allmälig in eine centrale, lange Spitze aus. Ziemlich selten; 1,05 mm.

No. 133.

Tafel VII. Figur 16.

Der vorigen ähnlich, nur ist der centrale Stachel feiner und ebenso lang als die beiden das Gehäuse bildenden Kammern, die jüngste Kammer etwas aus der Axe gewendet. Ziemlich selten; 0,85 mm.

No. 134.

Tafel VII. Figur 11.

Gehäuse glänzend und gerade, Kammern allmälig wachsend, die Halsansätze der flaschenförmigen Kammern fast cylindrisch; Mündung auf langem cylindrischen Hals mit pfropfenartigem gestrahlten Aufsatze. Nicht selten; 1,15 mm.

No. 135.

Tafel VII. Figur 20.

Der vorigen ähnlich, nur sind die Halsansätze ebenso wie der untere flaschenförmige Theil der Kammern gerippt, so dass nur die Stellen der stärksten Ausbauchung ungerippt bleiben. Der pfropfenartige Aufsatz auf dem Hals der letzten Kammer ist lang ausgedehnt gekropft und wie der Hals gerippt. Sehr selten; 1,04 mm.

No. 136.

Tafel VII. Figur 17.

Aehnlich der in Figur 10 abgebildeten Form, nur ist die unterste Kammer, von dem Stachel ausgehend mit Rippen besetzt, welche sich spiralförmig um das Gehäuse winden, nur an dem bauchigen Theile der letzten Kammer setzen die Rippen ab. Sehr selten; 0,80 mm.

No. 137.

Tafel VIII. Figur 1.

Das wenig glänzende Gehäuse bildet einen nach unten sich verjüngenden Conus, an welchem die einzelnen Kammern sehr wenig ausgebaucht erscheinen, dieselben sind dabei etwas länger als breiter, die Nähte schmal und flach sind durch feine Rippen sowohl am oberen als unteren Theile jeder Kammer begrenzt, welche bis zur Mitte der Kammer reichen. Die Mündung bildet ein stumpf aufgesetzter Kranz mit feinen Strahlen. Sehr selten; die vorhandenen sechs Kammern messen 1,80 mm.; leider nur verbrochen gefunden.

No. 138.

Tafel VIII. Figur 2.

Gehäuse nach unten sich verjüngend, in der Mitte gleich dick, gebildet aus acht Kammern mit glasglänzender Schaale, am unteren Ende mit gerundeter erster Kammer. Mündung gestrahlt und zugespitzt. Selten; 0,08 mm.

No. 139.

Tafel VIII. Figur 3.

Die mit einem kräftigen Centralstachel versehene, halbkugelförmige, erste Kammer ist durch eine feine, nicht einschnürende Naht von der zweiten, nach oben sich verjüngenden, mehr langen als breiten Kammer getrennt, beide Kammern sind mit Leisten versehen, welche, ohne abzusetzen, über die Naht hinweg gehen und in der unteren Spitze sich verlaufen. Die dritte und vierte Kammer der glänzenden Schaale sind ohne Leisten und schwach gebaucht; die Nähte derselben ziemlich breit. Die schief gewendete Mündung ist gestrahlt. Ziemlich selten; 0,83 mm.

No. 140.

Tafel VIII. Figur 8.

Das nach unten sich nur wenig verjüngende und in einem starken Stachel endigende, glänzende Gehäuse wird von acht mehr langen als breiten walzenförmigen Kammern gebildet, von welchen die vier unteren mit Rippen versehen sind, die über die seichten Nähte hinweg in der Spitze verlaufen, während an den oberen die Rippen wenig oder gar nicht sichtbar sind. Das Gehäuse nach unten wenig gebogen. Die centrale Mündung ist gestrahlt. Selten; 2,08 mm.

No. 141.

Tafel VIII. Figur 10.

Das glänzende, schlanke Gehäuse dieser kleinsten Nodosarienform besteht aus zehn Kammern, deren Nähte mit töpfelartigen Erhöhungen besetzt sind, die nach unten sich als Rippen zur untersten gerundeten mit einer kurzen Spitze versehenen Kammer verlaufen. Die letzte, stets ungerippte Kammer ist lang oval, zieht sich nach oben kegelförmig zusammen und trägt auf einem kurzen Absatz die Mündung. Nicht selten; 0,30 mm.

No. 142.

Tafel VIII. Figur 11.

Das glänzende, schlanke Gehäuse besteht aus vierzehn bis sechszehn Kammern, von denen die obersten glockenförmig übereinander gestülpt erscheinen, indem die Ränder der wenig ausgebauchten oberen Kammern, mit kurzen feinen Dornen versehen, an der Stelle der Naht überragen. Die Nähte der unteren Kammern sind ohne diese Dornen und ohne Einschnürung, so dass das Gehäuse glatt bis zur untersten Kammer mit centraler Spitze verläuft; anstatt ihrer finden sich töpfelartige Rippchen, die am unteren Theile bis zur Spitze verlaufen. Das Gehäuse gerade, selten gebogen. Die Mündung sitzt auf einem kurzen, mit der letzten Kammer verbundenen niedrigen Aufsatz. Ziemlich selten; 0,63 mm.

No. 143.

Tafel VIII. Figur 8.

Das gerade, glänzende, fast gleichmässig dicke Gehäuse hat sechs bis acht wenig ausgebauchte mehr lange als breite Kammern; die erste Kammer kuppelförmig, hat einen kräftigen centralen Stachel, von welchem vierzehn bis sechzehn Leisten ausgehen, die in wenig schräger Richtung über die ganze Schaale bis zur Mündung (einer mützenförmigen erhöheten Scheibe mit vertieften Punkten) ununterbrochen verlaufen; die über der Embryonalkammer befindliche Kammer ist gewöhnlich schmaler als jene, konisch oder walzenförmig. Die Nähte flach. Nicht selten; 2,07 mm.

No. 144.

Tafel XXXVIII. Figur 8.

Der vorigen ähnlich, nur verjüngt sich das Gehäuse nach unten, die Leisten sind unterbrochen, feiner und laufen in mehr schräger Richtung. Die Kammern walzenförmig. Nicht selten.

No. 145.

Tafel VIII. Figur 1.

Das glänzende Gehäuse dieser grössten Art unter den Nodosarien wird gebildet aus mehr als zwanzig Kammern, welche nach unten immer niedriger und schmaler werden, bis sie sich fast unerkennbar in einer abgerundeten Spitze verlieren. Die Nähte sind wenig vertieft und nur die obersten Kammern erscheinen etwas gebaucht. Das Gehäuse ist in den ausgewachsenen Exemplaren stets mässig gebogen; es verlaufen die starken Rippen von der unteren Spitze bis zur Mündung in gewundener Richtung ununterbrochen fort. Die Mündung besteht in einer mützenförmigen etwas erhöheten Scheibe mit punktförmigen Vertiefungen. Nicht selten; 7.40 mm.

No. 146.

Tafel VIII. Figur 2.

Mit der vorigen genau übereinstimmend, nur nicht gebogen und sehr viel kleiner, vielleicht eine Jugendform der vorigen. Selten; 1.42 mm.

No. 147.

Tafel VIII. Figur 13.

Das nur als Bruchstück aufgefundene Gehäuse dieser Form ist glasglänzend, die letzte Kammer ist fast kugelig und oben stumpf abgeplattet mit der flachen Mündung. Die Rippen scheinen nicht schief über der Schaale zu verlaufen. Sehr selten; die Form ist im Maassstabe von 58 : 1. gezeichnet.

III. Dentalina d'Orb.

Gehäuse meist schwach gekrümmt, selten fast gerade. Die letzte Kammer sich zu einem excentrischen Schnabel verdünnend, der gegen die concave Rückseite der Schaale gerückt ist und die Mündung trägt.

No. 148.

Tafel VIII. Figur 8.

Das glänzende Gehäuse dieser gedrungenen geraden Form hat vier Kammern, von welchen die unterste kuppelförmig mit centralem kurzen Stachel; die jüngste, länglich oval mit allmälig zugespitzter, strahliger Mündung. Die Nähte sind breit und tief, daher die Kammern stark gebaucht. Aus dem Stachel laufen zwölf Rippen über die Schaale bis zur Hälfte der letzten Kammer und sind dieselben in den Nähten wenig unterbrochen. Selten; 2,32 mm.

No. 149.

Tafel VIII. Figur 9.

Das Gehäuse wird von drei ungleichen Kammern gebildet, von welchen die letzte schief gebogen und grösser ist als die vorhergehende, die untere Kammer ist kugelig mit centralem Stachel, die Rippen sind nur in den Nähten sichtbar. Die Mündung besteht in acht röhrenförmigen aufgeschlitzten Strahlen, wie die darüber befindliche Zeichnung angiebt. Selten; 1,03 mm.

No. 150.

Tafel VIII. Figur 11.

Der in Figur 8 abgebildeten ähnlich, nur etwas gedrungener und die Rippen kaum sichtbar. Nicht selten; 2,00 mm.

No. 151.

Tafel VIII. Figur 10.

Der in Figur 9 abgebildeten ähnlich, jedoch ohne Spur von Rippen. Der Maassstab ist 18 : 1. Nicht selten; 2,33 mm.

No. 152.

Tafel VIII. Figur 14.

Das glänzende von sechs bis acht Kammern gebildete und wenig gebogene Gehäuse verjüngt sich nur wenig nach unten; die erste Kammer kugelförmig mit einer kurzen Centralspitze; die folgenden tonnenförmigen Kammern sind mehr lang als breit und nicht immer gleichmässig geordnet. Die Nähte sind tief, daher die Kammern beiderseitig stark gebaucht. Die letzte Kammer ist stark schief geneigt und verläuft in länglicher Ausdehnung zur gestrahlten Mündung. Nicht selten; 4,5 mm.

No. 153.

Tafel XXXVIII. Figur 1.

Das glänzende von acht rundeiförmigen, fast kugeligen Kammern gebildete, gebogene Gehäuse verjüngt sich in gleichmässiger Abstufung allmälig nach unten; die erste eirunde Kammer hat eine kurze Centralspitze. Die Nähte sind tief; sämmtliche Kammern sind gegen die Nähte schief geneigt, daher nach vorn stark ausgebaucht. Die Mündung gestrahlt. Ziemlich selten; 3,00 mm.

No. 154.

Tafel XXXVIII. Figur 1.

Der vorhergehenden ähnlich, jedoch verjüngt sich das untere Ende fast bis zu einer Spitze. Nicht selten; 2,45 mm.

No. 155.

Tafel VIII. Figur 16.

Das sehr gebogene aus fünf kugeligen Kammern gebildete Gehäuse verjüngt sich allmälig nach unten; die erste kugelige Kammer ist mit einem centralen Stachel versehen. Die Nähte breit und einschnürend. Die letzte, grösseste Kammer spitzt sich zur gestrahlten Mündung zu. Nicht selten; 2,02 mm.

No. 156.

Tafel XXXVIII. Figur 2.

Der vorigen ähnlich, nur kleiner und noch stärker gebogen; die Kammern sind lang elliptisch, die Nähte weniger breit; die unterste Kammer sehr viel kleiner, daher die Verjüngung nach unten noch stärker. Die gestrahlte Mündung gerade abgestumpft. Nicht selten; 1,00 mm.

No. 157.

Tafel VIII. Figur 20.

Das aus zwei bis sieben kugeligen, glänzenden Kammern bestehende, bald gerade, bald wenig gekrümmte Gehäuse nimmt im Gegensatze zu der Figur 10 aufgeführten Form schnell an Grösse nach oben zu; die letzte unverhältnissmässig grosse Kammer verlängert sich zur fein gestrahlten Spitze; die Nähte sind stark eingeschnürt. Die erste Kammer mit einer sehr feinen aber verhältnissmässig langen Centralspitze. Nicht selten. Maassstab 1 : 18; 1,25 mm.

No. 158.

Tafel VIII. Figur 15.

Das glasige, stets gebogene Gehäuse besteht aus zehn und mehreren Kammern, welche auf den feinen, nur an den obern Kammern wenig eingeschnürten Nähten normal aufsitzen; die untern Kammern sind walzenförmig, die obern schwach gebaucht, die letzte ist länglich und zieht sich zur gestrahlten trompetenförmigen Mündung spitz zusammen, die erste Kammer ist gerundet und ohne Stachel. Häufig; 1,12 mm.

No. 159.

Tafel VIII. Figur 17.

Der vorigen ähnlich, nur schlanker und weniger gebogen, die Kammern mehr ausgebaucht, die untern Kammern verjüngen sich und laufen in einen glasigen Stachel aus, die letzte Kammer ist lang oval, die kurze Trompetenmündung ist stumpf und kurz aufgesetzt. Selten; 0,00 mm.

No. 160.

Tafel VIII. Figur 18.

Gehäuse sanft gebogen, die Kammern kugelig, die Nähte schnüren die Kammern tief ein, die erste Kammer ist unten gerundet und trägt einen centralen Stachel; die oberen Kammern sind an ihrem unteren Ende mit kleinen übergreifenden Dornen besetzt. Selten; 1,00 mm.

No. 161.

Tafel VIII. Figur 19.

Das dünne glasige Gehäuse hat Aehnlichkeit mit der Figur 15 abgebildeten Form, nur sind alle Dimensionen kleiner, leider ist nur ein Bruchstück davon aufgefunden. Sehr selten.

No. 162.

Tafel IX. Figur 1.

Das wenig glänzende Gehäuse wird aus acht und mehreren in der Breite wenig unterschiedenen Kammern gebildet, dasselbe ist öfter an einer Stelle geknickt, ohne dass eine eigentliche Krümmung stattfindet, die einzelnen Kammern stehen normal zu den Nähten; letztere sind flach, die Ausbauchung der Kammern nicht stark; die erste Kammer ist kuppelförmig mit einem Centralstachel, die darüber befindliche ist schmaler und walzenförmig mehr lang als breit, sämmtliche übrigen Kammern sind mehr lang als breit aber ungleich geordnet. Selten; bei acht Kammern = 5,00 mm.

No. 163.

Tafel IX. Figur 5.

Das glänzende Gehäuse wird aus neun und mehreren am unteren Ende walzenförmigen, am oberen Ende lang ovalen Kammern gebildet, dasselbe ist wenig gebogen, die Kammern stehen normal zu den Nähten, letztere sind am unteren Ende ganz flach, am oberen Ende sind die Kammern schwach gebaucht; die erste lang gedehnte, unten gerundete Kammer trägt einen kurzen Stachel. Ganz unverletzte Exemplare sind nicht aufgefunden, es ist indessen nicht unwahrscheinlich, dass die Tafel IX. Figur 3 abgebildete Form als oberste Kammer zu dieser Art gehört; dieselbe ist langeiförmig, spitz endend und trägt fast central eine, aus sechsseitigen Zellen gebildete Mündung, siehe Figur 4. Ziemlich selten; bei neun Kammern = 5,00 mm.

No. 164.

Tafel IX. Figur 2.

Die unteren walzenförmigen Kammern sind wenig höher als breit, die erste Kammer lang kuppelförmig mit Centralspitze, die oberen elliptischen Kammern sind gebaucht, alle stehen auf den Nähten normal; das Gehäuse glänzend und wenig gebogen, die oberste Kammer eiförmig mit gestrahlter Mündung. Nicht selten; 2,28 mm.

No. 165.

Tafel IX. Figur 6.

Das wenig glänzende, aus neun nach oben allmälig wachsenden, länglichen Kammern bestehende gerade Gehäuse hat am unteren Ende eine halbkugelförmige Kammer, auf welcher die beiden folgenden walzenförmigen in gleicher Höhe und Breite ansitzen; die folgenden gebauchten Kammern stehen zu den einschnürenden Nähten normal; die letzte Kammer bildet einen spitzen Kegel mit der fein gestrahlten Mündung. Selten; 1,52 mm.

No. 166.

Tafel IX. Figur 11.

Das glänzende, nur aus drei bis vier länglichen Kammern gebildete fast gerade Gehäuse hat am unteren Ende eine eiförmige Kammer mit scharfem Stachel, die folgende fast gleich hohe Kammer ist wenig gebaucht, die letzte ovale, aber doppelt so lange Kammer ist etwas breiter als die vorhergehende und trägt eine gestrahlte Mündung; alle Kammern stehen normal zu den seichten Nähten. Selten; 0,07 mm.

No. 167.

Tafel IX. Figur 12.

Die erste Kammer mit Centralspitze ist oval, die daraufsitzende ebenso von gleicher Höhe und Breite als jene, die beiden folgenden sind nach oben verjüngt, stark gebaucht und kleiner als die unteren. Die Schaale gerade und glänzend. Mündung central und gestrahlt, die Kammern stehen normal zu den Nähten. Selten; 0,07 mm.

No. 168.

Tafel IX. Figur 17.

Das Gehäuse ist spindelförmig, glänzend, oben und unten gleichmässig zugespitzt, die normalstehenden Nähte ohne Einschnürung, nur die mittleren Kammern unmerklich dünner als die gleich grossen Endkammern, welche doppelt so gross als die angrenzenden sind. Sehr selten; 1,08 mm.

No. 169.

Tafel IX. Figur 16.

Gehäuse glänzend, spindelförmig, nach unten in eine Spitze allmälig verlaufend, die normalstehenden Nähte schwach einschnürend, die letzte Kammer kegelförmig mit spitz aufsitzender Mündung, die vier Kammern von gleicher Länge. Selten; 0,54 mm.

No. 170.

Tafel IX. Figur 9.

Das Gehäuse besteht aus zwei gleich hohen Kammern, deren Naht wenig einschnürt; die untere halb so dicke als hohe Kammer ist sanft zugespitzt, ebenso die obere, jedoch neigt sich die gestrahlte Mündung von der normalen Richtung ab. Selten; 0,55 mm.

No. 171.

Tafel IX. Figur 7.

Das Gehäuse ist glänzend und besteht aus fünf ungleich ausgebildeten Kammern; der untere Theil ist in den ersten Kammern gebogen. Die erste stark verdickte Kammer mit einem excentrischen Stachel, ist kuppelförmig, mehr hoch als breit, die folgende durch eine wenig vertiefte Naht gesondert, ist walzenförmig und schwach gebaucht; die beiden oberen gleich grossen Kammern sind lang oval und gebaucht; sämmtliche Kammern stehen normal zur Naht. Ziemlich selten; 1,18 mm.

No. 172.

Tafel IX. Figur 10.

Gehäuse wenig glänzend, glatt nach unten allmälig sich verjüngend, die erste Kammer kuppelförmig mit Centralspitze. Die Nähte nur an den oberen Kammern unmerklich einschnürend; bis auf die letzte Kammer stehen alle anderen zur Naht normal und sind gleich hoch, die letzte dagegen ist schief gestellt und verläuft in einer stumpfen Spitze mit strahliger Mündung. Nicht selten; 1,15 mm.

No. 173.

Tafel IX. Figur 3.

Das schlanke Gehäuse, glänzend und wenig gebogen, besteht aus sechs langgezogenen Kammern und verjüngt sich nach unten, die erste Kammer lang elliptisch, fast walzenförmig, trägt einen Centralstachel. Die Nähte sind schief gegen die Axe geneigt und ziemlich einschnürend. Die letzte Kammer spitzt sich allmälig bis zur kegelartig aufsitzenden Mündung zu. Selten; 1,84 mm.

No. 174.

Tafel IX. Figur 14.

Das glänzende Gehäuse, aus fünf wenig ausgebauchten gleich hohen und breiten Kammern bestehend, ist wenig gebogen, die Nähte zum Theil schief gegen die Axe geneigt; die erste Kammer mit einem centralen Stachel, die letzte lang oval mit fein gestrahlter Mündung. Selten; 0,68 mm.

No. 175.

Tafel IX. Figur 14.

Das glänzende, aus sechs nach oben allmälig wachsenden, eiförmigen Kammern bestehende Gehäuse ist schwach gebogen. Die breiten Nähte, stark einschnürend, stehen schief zur Axe der Kammern. Die erste Kammer mit centralem Stachel ist kuppelförmig, die darüber befindliche Kammer durch eine wenig eingeschnürte Naht von der ersten getrennt, ist walzenförmig; die letzte Kammer langeiförmig zugespitzt trägt die gestrahlte Mündung. Ziemlich selten; 1,02 mm.

No. 176.

Tafel IX. Figur 15.

Das glasglänzende, aus sechs Kammern von gleicher Breite bestehende Gehäuse ist schwach gebogen, die Kammern sind tonnenförmig schwach gebaucht, die Nähte bandartig stehen wenig schräg zur Axe der Kammern; die erste Kammer ist kugelförmig ohne Stachel, die darüber befindliche ist walzenförmig; die letzte Kammer ist langeiförmig zugespitzt und trägt die gestrahlte Mündung. Nicht selten; 0,70 mm.

No. 177.

DENTALINA EDELINA v. SCHLICHT.

Tafel IX. Figur 17.

Diese überaus schöne Art ist durch das krystallglänzende, wenig gebogene, aus sieben Kammern bestehende schlanke Gehäuse ausgezeichnet. Die erste, unten etwas gerundete, kuppelförmige Kammer trägt einen langen, centralen, glasigen Stachel; sämmtliche Kammern sind ohne Ausbauchung, die Nähte sehr fein, stehen etwas schräg zu der darüber befindlichen Kammer mit kaum sichtbarer Einschnürung; die Höhe der Kammern nimmt von unten auf ganz allmälig zu, ebenso die Breite; die letzte Kammer ist lang flaschenförmig in einen konischen Hals auslaufend mit röhriger Mündung. Geziert ist diese Form durch feine Rippen, welche jedoch die Nähte nicht überschreiten; ausserdem befindet sich sowohl am oberen als unteren Theile jeder Kammer im Innern derselben eine bandartige, weisslich durchschimmernde Zeichnung. Ziemlich selten; 1,40 mm.

No. 178.

Tafel IX. Figur 16.

Das glänzende, aus acht, durch bandartige gerade Nähte getrennte, cylindrischen Kammern bestehende Gehäuse hat am unteren Ende eine kuppelförmige, mit centralem Stachel versehene Kammer; sämmtliche Kammern sind von fast gleicher Höhe und Breite ohne Ausbauchung. Die letzte schräg geneigte Kammer läuft in einer röhrenartigen Mündung spitz zu. Nicht selten; 0,76 mm.

No. 179.

Tafel IX. Figur 18.

Das glänzende, aus zwei bis fünf Kammern bestehende Gehäuse ist schwach gebogen, die erste Kammer fast kugelförmig und dicker als die folgenden, ist mit einem Centralstachel versehen. Sämmtliche Kammern von gleicher Breite stehen schief zur Axe geneigt. Die letzte Kammer, langeiförmig, fast flaschenförmig, läuft in einen langen röhrigen Hals aus, auf welchem die pfropfenartige Mündung aufsitzt. Nicht selten; 0,65 mm.

No. 180.

Tafel IX. Figur 19.

Der vorigen ähnlich, nur ist das Gehäuse weniger gebogen, alle Kammern von gleicher Breite, die erste Kammer eiförmig, die letzte Kammer schief geneigt. Nicht selten; 0,60 mm.

No. 181.

Tafel IX. Figur [illegible].

Das glänzende, fast gerade Gehäuse wird von drei, selten vier sanft ausgebauchten, gleichbreiten Kammern gebildet, deren Nähte sehr schief zur Axe stehen; die Nähte sind fein und wenig einschnürend; die erste Kammer läuft in eine feine Spitze aus, es unterscheidet sich daher diese Form von der in Figur 18 und 10 abgebildeten dadurch, dass bei diesen ein glasiger Centralstachel aus der kugeligen oder eiförmigen Kammer scharf hervortritt; die letzte Kammer verlängert sich allmälig zur gestrahlten Mündung, niemals in einen röhrigen Hals. Nicht selten; 0,54 mm.

No. 182.

Tafel IX. Figur [illegible].

Das sehr feine, glänzende, wenig gebogene Gehäuse wird aus fünf gleich breiten, lang ovalen Kammern gebildet, deren Axe schief zur Naht steht, dasselbe endet an der unteren Kammer in einen glasigen, langen Stachel. Die obere Kammer hat einen röhrigen, scharf aufgesetzten Hals. Die schrägen Nähte sind auf der concaven Seite glatt, auf der convexen dagegen scharf eingeschnürt. Sehr selten; 0,02 mm.

No. 183.

Tafel IX. Figur [illegible].

Gehäuse glänzend, aus acht Kammern bestehend, von denen die unteren gleich hoch, die oberen dagegen von fast doppelter Höhe sind; allmälig nur sehr wenig nach oben sich verbreiternd. Die Nähte fast ohne Einschnürung, stehen schräg geneigt zur Axe der Kammern. Die erste Kammer unten gerundet ohne Stachel, die letzte walzig verlängert, zur Seite geneigt, mit einem Schnabel versehen, trägt die strahlige Mündung. Nicht selten; 1,40 mm.

No. 184.

Tafel X. Figur 1.

Gehäuse glatt, gebogen, allmälig nach oben sich verbreiternd; die bandartigen Nähte stehen normal zur Axe und sind mit Ausnahme der beiden letzten Kammern ohne Einschnürung, daher alle Kammern walzig geformt und von unten nach oben an Höhe zunehmend. Die erste Kammer halbkugelförmig ohne Stachel, die letzte etwas gebaucht mit strahliger Mündung. Häufig; 2,[illegible] mm.

No. 185.

Tafel X. Figur [illegible].

Gehäuse glänzend, gebogen, fast glatt, alle allmälig wachsenden Kammern schief zur Naht stehend, die erste Kammer niedrig, gerundet, die letzte Kammer langeiförmig mit aufgesetzter, gestrahlter Mündung. Ziemlich selten; 1,73 mm.

No. 186.

Tafel X. Figur [illegible].

Gehäuse glatt, glänzend, stark gebogen und nach oben schnell in der Breite wachsend, die Kammern ohne Ausbauchung, die Nähte sehr fein. Die erste Kammer eiförmig trägt einen kurzen Stachel. Ziemlich selten; 1,00 mm.

No. 187.

Tafel X. Figur [illegible].

Gehäuse glänzend, die Kammern an der Bauchseite gewölbt, die Nähte fein; die erste Kammer in eine scharfe Spitze auslaufend, die letzte schräg geneigt, in einen spitzen Schnabel verlängert mit strahliger Mündung; es kommen indessen auch ähnlich geformte Exemplare vor, bei welchen die Mündung entosolenienartig gebildet ist. Häufig; 2,03 mm.

No. 188.

Tafel X. Figur 5.

Gehäuse glatt und stark gebogen ohne Einschnürung, ähnlich der in Figur 1 Tafel X. abgebildeten, nur kurzer und dicker. Nicht selten; 1,74 mm.

No. 189.

Tafel X. Figur 6.

Der vorigen ähnlich, jedoch alle Kammern von gleicher Breite, blasig; die erste so wie die letzte Kammer doppelt so hoch als breit; nur vier Kammern, die letzte schief aufsitzende trägt die gestrahlte Mündung. Selten; 1,23 mm.

No. 190.

Tafel X. Figur 7.

Gehäuse glänzend, unregelmässig gebogen, die Kammern gebaucht und unregelmässig ausgebildet, die erste Kammer halbkugelförmig, sonst der vorigen ähnlich. Selten; 1,18 mm.

No. 191.

Tafel X. Figur 8.

Der in Figur 6 dargestellten ähnlich, nur in allen Dimensionen viel kleiner. Ziemlich selten; 0,80 mm.

No. 192.

Tafel X. Figur 9.

Das blasige, glatte, glänzende Gehäuse wird von drei gleich hohen, fast walzenförmigen, nicht gebauchten Kammern gebildet, die erste Kammer unten gerundet, die letzte nach dem Rücken gebogen, trägt die in starken Strahlen gebildete Mündung. Nicht selten; 0,92 mm.

No. 193.

Tafel X. Figur 10.

Das glasige Gehäuse ist aus zwei Kammern gebildet, von welchen die erste rundeiförmig, die andere gleich breit aber doppelt so hoch, walzenförmig gebildet ist. Die Naht wenig einschnürend. Die Mündung gestrahlt. Selten; 0,57 mm.

No. 194.

Tafel XXXVIII. Figur 4.

Gehäuse glasig, glänzend, aus fünf Kammern gebildet, nach rückwärts wenig gebogen; die Kammern schräg zu den an der Bauchseite stark einschnürenden Nähten, die erste Kammer eiförmig, die zweite niedrig, die folgenden gleich grossen eiförmig. Ziemlich selten; 0,7 mm.

No. 195.

Tafel X. Figur 11.

Gehäuse unregelmässig ausgebildet, der untere Theil nach rückwärts geknickt, aus mehreren niedrigen sich wenig verjüngenden Kammern gebildet, darüber drei grössere Kammern von gleicher Breite und wenig ausgebaucht, die letzte Kammer nach rückwärts gebogen. Mündung strahlig. Ziemlich selten; 0,83 mm.

No. 196.

Tafel XXXVIII. Figur 11.

Gehäuse glasig, sehr fein gekörnt, aus drei Kammern gebildet, der untere Theil verjüngt; die erste doppelt so hohe als breite Kammer ist unten beinahe zugespitzt, die mittlere Kammer gleich breit wie hoch, die jüngste Kammer nimmt die Hälfte der Höhe des Gehäuses ein und ist halb so breit wie hoch. Die Nähte linear, wenig schräg. Die Mündung fein gestrahlt, auf einem knopfartigen Aufsatze. Sehr selten; 0,35 mm.

No. 197.

Tafel X. Figur 12.

Gehäuse glänzend, glatt, gebogen. Die aufgeblasene letzte Kammer endigt spitz in eine entenschnabelartige Mündung, die übrigen zahlreichen, glänzenden Kammern verjüngen sich unten, die erste trägt eine scharfe Spitze; die geraden Nähte bandartig, nicht einschnürend. Nicht selten; 0,85 mm.

No. 198.

Tafel X. Figur 13.

Der vorigen ähnlich, die Kammern verjüngen sich zur feinen Spitze und sind sämmtlich mit Rippen geziert, welche an den Nähten absetzen. Die letzte stark gebauchte schief liegende Kammer ist glatt. Selten; 1,13 mm.

No. 199.

Tafel X. Figur 14.

Das Gehäuse glänzend, sehr wenig nach rückwärts gebogen, verjüngt sich nach unten, die erste, unten gerundete Kammer kugelförmig, die Nähte stehen schräg zur Axe und nur die letzte doppelt hohe Kammer ist ausgebaucht. Mündung gestrahlt. Selten; 0,65 mm. Massstab 58 : 1.

No. 200.

Tafel X. Figur 15.

Das Gehäuse glasig, glänzend, nach rückwärts gebogen, die Kammern von gleicher Breite, im Uebrigen der vorigen ähnlich, die gestrahlte Mündung stark abgesetzt. Selten; 0,61 mm. Massstab 58 : 1.

No. 201.

Tafel X. Figur 19.

Das Gehäuse blasig, nach unten wenig sich verjüngend, die schiefen Nähte flach ohne Einschnürung. Die erste Kammer mehr hoch als breit, nach unten eiförmig gespitzt, die letzte Kammer doppelt hoch, trägt die schief gewendete stark gestrahlte Mündung. Nicht selten; 1,10 mm.

No. 202.

Tafel X. Figur 20.

Das Gehäuse spindelförmig, gerade gestreckt, blasig und glänzend, nach unten sich verjüngend zur gerundeten eiförmigen Spitze. Die seichten Nähte sind schräg zur Axe stehend nicht einschnürend. Die Kammern nach oben wachsend. Die gestrahlte Mündung steht central zur Axe. Sehr selten; 1,35 mm.

No. 203.

Tafel X. Figur 21.

Das Gehäuse wenig nach rückwärts gebogen, nach unten sich verjüngend, ist glatt, die Nähte seicht, nicht einschnürend, schief zur Axe geneigt. Die letzte doppelt grosse Kammer ausgebaucht. Die erste Kammer unten gerundet ist niedrig. Selten; 1,00 mm.

No. 204.

Tafel X. Figur 22.

Das Gehäuse auf der Rückenseite wenig concav, auf der Bauchseite mondförmig gebogen, ganz glatt ohne irgend eine Einschnürung; an beiden Enden gleichmässig zugespitzt, die unteren Kammern niedrig, die seichten Nähte schräg gegen die Axe geneigt. Die Mündung gestrahlt. Sehr selten; 1,25 mm.

No. 205.

Tafel XXXVIII. Figur [illegible]

Die Rückenseite des rauhen Gehäuses ist fast gerade an der Bauchseite mondförmig gebogen, glatt ohne Einschnürung der Nähte; am oberen Ende verdickt, unten mit nach vorn gerichteter scharfer Spitze verlaufend; die Kammern nach oben allmälig wachsend. Nähte seicht und schräg. Mündung fein gestrahlt. Sehr selten; 1,00 mm.

No. 206.

Tafel X. Figur 24.

Das glänzende, glasige Gehäuse an der Rückenseite gerade, die Kammern von unten in Breite und Höhe bis zur letzten Naht wachsend, die Nähte seicht und nicht einschnürend; die erste Kammer kugelig, die letzte Kammer kleiner als die vorhergehende, spitzt sich zur gestrahlten Mündung zu. Sehr selten; 0,60 mm. Maassstab 58 : 1.

No. 207.

Tafel IX. Figur [illegible]

Das glasige, stark nach rückwärts gebogene Gehäuse besteht aus vier Kammern und verjüngt sich nach unten; die erste langeiförmige Kammer ist mit einer Spitze versehen, die wenig eingezogenen Nähte stehen sehr schräg zur Axe, die letzte grösste Kammer zugespitzt gebaucht mit strahliger Mündung. Selten; 0,54 mm.

No. 208.

Tafel IX. Figur [illegible]

Der vorigen ähnlich, nur ist das Gehäuse gerade gestellt. Die erste Kammer nach vorn gerichtet. Selten; 0,45 mm.

No. 209.

Tafel IX. Figur [illegible]

Der in Figur 25 beschriebenen ähnlich, nur sind die Nähte noch schräger gestellt. Sehr selten; 0,38 mm.

No. 210.

Tafel IX. Figur 27.

Das glänzende, nach rückwärts gebogene Gehäuse wird von acht nach unten sich schnell verjüngenden, nach der Vorderseite gebauchten, eiförmigen Kammern gebildet. Die stark eingezogenen Nähte stehen schräg zu den Kammern; die erste sehr niedrige Kammer spitzt sich scharf aus, die letzte ist stark gebaucht und eiförmig, mit einer gestrahlten aufgesetzten Mündung. Nicht selten; 1,25 mm.

No. 211.

Tafel XI. Figur 1.

Das glänzende, an der Rückenseite concave, an der Bauchseite stark convexe glatte Gehäuse wird von vier verschiedenen grossen, durch schiefe flache Nähte getrennte Kammern gebildet; nach unten sich nur wenig verjüngend, die erste Kammer mit einer nach vorn gerichteten kurzen Spitze, die letzte Kammer, gross und langeiförmig mit gestrahlter Mündung. Nicht häufig; 0,53 mm.

No. 212.

Tafel XI. Figur [illegible]

Der vorigen ähnlich, jedoch steht die erste Kammer steiler und hat dieselbe einen glasigen langen Stachel, sämmtliche Kammern sehr ungleich, die Rückenseite fast gerade. Selten; 0,64 mm.

No. 213.

Tafel XI. Figur [illegible]

Das gerade Gehäuse verjüngt sich nach unten, die erste Kammer in eine Spitze auslaufend, die Nähte schief und seicht, die letzte ausgebauchte Kammer kugelförmig und bedeutend breiter und grösser als die vorhergehenden. Mündung gestrahlt. Nicht selten; 0,52 mm.

No. 214.

Tafel XI. Figur [illegible]

Das glänzende, am unteren Theile zapfenförmige Gehäuse wird von fünf Kammern gebildet, von welchen die vier ersten allmälig an Höhe und Breite wachsen ohne Einschnürungen durch die seichten und schiefen Nähte. Die letzte fast kugelförmige Kammer ist doppelt so gross als die vorhergehende und baucht sich unförmlich auf den unteren fast geraden Theil der Schmale aus. Die gestrahlte Mündung erhebt sich ausgespitzt nach rückwärts. Die erste Kammer verläuft sich in eine nach vorn gerichtete scharfe Spitze. Selten; 0,67 mm.

No. 215.

Tafel XI. Figur [illegible]

Gehäuse glänzend, aus drei Abtheilungen gebildet, der untere Theil besteht aus drei schrägen niedrigen, gleich hohen allmälig sich verbreiternden Kammern, von denen die erste mit nach vorn geneigter Richtung sich spitz verläuft. Die zweite Abtheilung bildet eine stark nach vorn ausgebauchte durch schiefe Naht getrennte Kammer, welche höher ist als die vorhergehenden drei, die dritte Abtheilung bildet die letzte, ebenfalls stark nach vorn ausgebauchte, von der vorangehenden gleich grossen, durch eine stark einschnürende Naht getrennte eiförmige Kammer. Selten; 0,72 mm.

No. 216.

Tafel XI. Figur [illegible]

Der vorigen ähnlich, nur ist die untere Abtheilung, anstatt nach vorn gerichtet zu sein, nach hinten gerichtet. Man kann sich diese Stellung als eine Zwillingsverwachsung vorstellen, bei welcher die gemeinschaftliche Fläche der getheilten mittleren Kammer, welche die Axe fast normal durchschneidet, um hundertachtzig Grad gedreht, angewachsen ist. Sehr selten; 0,67 mm.

No. 217.

Tafel XI. Figur [illegible]

Das wenig glänzende, aus acht Kammern gebildete glatte Gehäuse verjüngt sich nach unten allmälig, die ersten vier Kammern sind niedrig und nach rückwärts gebogen, die erste Kammer mit nach vorn gerichteter Spitze; die anderen vier gerade stehenden gleich grossen Kammern sind viel höher und dicker als die vorhergehenden. Die Nähte stehen schräg zur Axe der Kammern und sind nicht einschnürend. Die nach rückwärts stehende Mündung ist gestrahlt. Selten; 1,20 mm. Die Zeichnung ist im Maassstabe von 28 : 1.

No. 218.

Tafel XI. Figur 7.

Eine Zwillingsverwachsung von der in Figur 5 beschriebenen Art, bei welcher die zweite Kammer und der untere spitze Theil, um hundertachtzig Grad gedreht, angewachsen erscheint. Sehr selten; 0,50 mm.

No. 219.

Tafel XI. Figur 8.

Das glasige, glatte Gehäuse ist langgestreckt, im Rücken wenig concav. Die Kammern verjüngen sich nach unten; die schrägen Nähte nicht einschnürend. Die erste Kammer stumpf zugespitzt; die vorletzte ist sehr hoch und stark ausgebaucht, die letzte, mit der gestrahlten Mündung nach rückwärts gebogene Kammer ist kleiner als die vorhergehende. Selten; 0,84 mm.

No. 220.

Tafel XI. Figur 11.

Das glänzende Gehäuse ist verkehrt Sförmig gebildet, die erste nach vorn geneigte Kammer sehr klein ist unten gerundet, die folgenden Kammern wachsen an Breite und Höhe, die letzte nimmt fast die Hälfte der Länge ein, ihre Mündung ist stark nach rückwärts gebogen, die andere Seite gewölbt; alle Nähte glatt. Selten; 0,48 mm.

No. 221.

Tafel XI. Figur 10.

Das glasige, glänzende, glatte Gehäuse ist im Rücken wenig concav; die erste Kammer ist mit einem scharfen Stachel zugespitzt, die folgenden allmälig in Breite und Höhe wachsenden nicht ausgebauchten Kammern sind durch schräge, flache Nähte getrennt, die letzte Kammer nimmt die Hälfte des ganzen Gehäuses ein, ist lang oval, nach vorn stark gebaucht mit der pfropfenartigen Mündung nach rückwärts gebogen. Sehr selten; 0,73 mm.

No. 222.

Tafel XI. Figur 13.

Gehäuse nach unten sich verjüngend, die letzte stark aufgeblasene Kammer nimmt fast zwei Drittel des ganzen Gehäuses ein; das Gehäuse nicht glänzend besteht überhaupt nur aus drei Kammern, von welchen die erste zapfenförmig und doppelt so hoch als breit, unten gerundet ist. Selten; 0,88 mm.

No. 223.

Tafel XI. Figur 12.

Der Rücken des matten, aus drei Kammern gebildeten Gehäuses ist gerade, die erste unten gerundete Kammer ein wenig nach vorn gebogen, ist lang tropfenartig, die folgende grössere und breitere durch eine sehr schräg stehende, an der vorderen Seite einschnürende Naht von der vorhergehenden getrennt, ist vorn stark gebaucht, während der Rücken glatt bleibt, in gleicher Art ist die dritte und letzte grösseste Kammer nach vorn stark ausgebaucht. Selten; 0,65 mm.

IV. Marginulina d'Orb.

Nur die erste Kammer spiral eingerollt, nie ein Drittheil eines spiralen Umganges bildend, die übrigen gerade über einander gestellt, daher das Gehäuse verlängert, schwach gebogen. Der Rückenrand convex, Mündung rund, terminal, rückenständig, auf einer kurzen, schnabelartigen Verlängerung.

No. 224.

Tafel XI. Figur 15.

Gehäuse glänzend, sanft gebogen und glatt; die erste Kammer halbkugelförmig nach vorn geneigt, die folgenden, allmälig wachsenden Kammern durch schräge Nähte getrennt, etwas gebaucht, die letzte Kammer gewölbt bis zur gestrahlten, einen Hof bildenden Mündung. Häufig; 0,50 mm.

No. 225.

Tafel XI. Figur [illegible].

In dem unteren Theile der Figur 15 abgebildeten ähnlich, die oberen Kammern neigen sich stark nach vorn, so dass das Gehäuse auf der Rückenseite in der Mitte stark convex gebogen, fast geknickt erscheint; nur die letzten der acht Kammern nach vorn gebaucht. Ziemlich selten; 0,01 mm.

No. 226.

Tafel XI. Figur [illegible].

Das Gehäuse ist aus fünf nach oben wachsenden Kammern gebildet, von welchen die drei ersten eine Neigung nach vorn zeigen, während an der Rückenseite die convexe, fast geknickte Biegung an der Mündungsstelle der zweiten Kammer beginnt; die erste Kammer ist kugelförmig, zwischen der zweiten und dritten Kammer zieht sich die Naht nach dem Rücken zu schräg in die Höhe. Die Nähte flach und sehr schräg, am Rücken divergirend. Die letzte Kammer geht fast bis zur Hälfte des Gehäuses hinunter. Selten; 0,80 mm.

No. 227.

Tafel XI. Figur [illegible].

Die Rückenseite des glänzenden Gehäuses gerade, in den oberen Kammern gewölbt. Die Nähte schräg und schnürend; die erste Kammer bildet einen stumpfen Kegel mit der Spitze nach vorn gestellt, an dessen Basis sich die zweite dreieckige Kammer ansetzt. Die Kammern wachsen allmälig nach oben an Breite und Höhe. Die gestrahlte Mündung steht auf der Rückenlinie. Sehr selten; 0,74 mm.

No. 228.

Tafel XI. Figur [illegible].

Die Rückenseite des glänzenden, aus zwölf und mehreren Kammern gebildeten Gehäuses ist sanft convex gebogen, die oberen Kammern gewölbt; an der Vorderseite sind die letzten Kammern gebaucht, am unteren Theile glatt. Die erste sehr kleine, nach vorn gebogene Kammer halbkugelförmig, die folgenden allmälig an Breite und Höhe wachsend; die letzte am stärksten ausgebauchte trägt die rückenständige, gestrahlte Mündung. Nicht selten; 1,15 mm.

No. 229.

Tafel XI. Figur 16.

Gehäuse glatt und glänzend, Rücken gerade, die Nähte fein ohne Einschnürung, nur an der letzten Kammer ist eine Einbuchtung sichtbar. Die erste, fast horizontal liegende, linsenförmige Kammer ist an der unteren Seite flach gerundet, die folgenden in Breite und Höhe allmälig wachsenden Kammern stehen schief zur Axe, die letzte ist dick, nach vorn gebaucht, die Mündung rückenständig, gestrahlt mit einem umkränzten Hofe. Selten; 0,74 mm.

No. 230.

Tafel XI. Figur 17.

Der vorigen ähnlich, nur ist das Gehäuse von der Basis an breit, die erste Kammer liegt flach und die folgenden Kammern sind fast gleich hoch und lang. Das Gehäuse verschmälert sich nach der Mitte zu; die letzte breitere Kammer ist dick aufgeblasen, oben gerundet und nach vorn gebaucht. Selten; 0,90 mm.

No. 231.

Tafel XI. Figur [illegible].

Das glänzende, aus zehn und mehreren Kammern gebildete Gehäuse ist gerade gerichtet, der untere Theil wenig nach vorn gebogen, der obere allmälig sich verjüngend; die Nähte fein und ohne Einschnürung; die Kammern stehen schräg zur Axe; die erste Kammer scheint kugelförmig zu sein, die Nähte sind schwierig zu erkennen. Das Gehäuse ist ausnahmsweise unten breiter als oben. Die Mündung gestrahlt steht nach der Rückenseite. Selten; 0,03 mm.

No. 232.

Tafel XI. Figur [illegible].

Das gerade, glänzende Gehäuse von gleicher Dicke ist glatt und nur die Naht der letzten gebauchten Kammer ist einschnürend; die erste, flach liegende Kammer ist unten breit gerundet, die folgende ist schief und niedrig, dann folgen zwei durch eine schiefe Naht getrennte ebenso hohe als breite Kammern, die Naht der letzten stumpf kegelförmigen Kammer steht normal zur Axe, die Mündung ist gestrahlt und steht central. Ziemlich selten; 1,02 mm. Der Massstab für die Zeichnung ist 28 : 1.

No. 233.

Tafel X. Figur [illegible].

Das glänzende Gehäuse ist blasig, wenig gebogen, nach abwärts sich verjüngend. Die erste Kammer unten gerundet und wie die folgende niedrig, die übrigen allmälig in Höhe und Breite wachsend. Die Nähte seicht, dieselben sind bei den unteren Kammern zur Axe geneigt, bei den oberen normal gestellt; die letzte Kammer wenig gebaucht. Die centrale Mündung ist gestrahlt. Häufig; 2,02 mm.

No. 234.

Tafel X. Figur [illegible].

Gehäuse glänzend, im mittleren Theile blasig, ziemlich stark gebogen. Die drei unteren Kammern wie bei der vorhergehenden Art nur mehr gerundet; die folgenden, durch normale Naht getrennten zwei Kammern sind unverhältnissmässig gross, mehr hoch als breit und beiderseitig gewölbt, die letzte zugespitzte Kammer ist kegelförmig und viel kleiner als die vorhergehende. Mündung gestrahlt; 1,08 mm.

No. 235.

Tafel X. Figur 16

Der Figur 16 ähnlich, nur sind die unteren drei Kammern fast geknickt, zur Bauchseite concav stark gebogen. Ziemlich selten; 1,70 mm.

No. 236.

Tafel XXXVIII. Figur 7.

Das glänzende Gehäuse ist aus fünf Kammern gebildet, die kleine Embryonalkammer eiförmig ist nach vorn geneigt, die beiden darüber liegenden sind niedrig, die sehr schiefen Nähte nach dem Rücken zu divergirend sind flach, der Rücken ist convex gebogen, die vierte Kammer ist nach vorn stark gebaucht, nimmt mehr als die Hälfte der Höhe ein und berührt mit dem unteren Theile beinahe die Embryonalkammer, die letzte Kammer zieht sich zur gestrahlten Mündung von der einschnürenden Naht an der Vorderseite in gewölbter Linie bis zur Rückenlinie zurück. Ziemlich selten; 1,00 mm.

No. 237.

Tafel XXXVIII. Figur 8.

Der vorigen ähnlich, nur ist der obere Theil spitzer ausgebildet; das Gehäuse erscheint fast S förmig, weil die letzte kleine Kammer über die Rückenlinie sich zurückbiegt. Selten.

No. 238.

Tafel XXXVIII. Figur 9.

Das gerade, glänzende Gehäuse ist aus sechs Kammern gebildet; die kleine Embryonalkammer halbkugelförmig ist etwas nach vorn geneigt, die folgende Kammer ist niedrig, die Naht zwischen beiden glatt; mit der dritten Kammer erweitert sich das Gehäuse bedeutend nach vorn und folgen darauf die zwei anderen, gleich breiten und hohen, stark nach vorn aufgebauchten Kammern, durch stark einschnürende schräge, nicht divergirende Nähte getrennt. Die gestrahlte Mündung zieht sich ganz zur Rückenlinie zurück. Selten; 0,92 mm.

No. 239.

Tafel XXXVIII. Figur 10.

Das Gehäuse am unteren Theile breit, wenig geneigt, an der Rückenseite gerade, von sechs Kammern gebildet, von welchen die vier ersten allmälig wachsen; Nähte parallel und schräg gestellt. Die Mündung fast central. Die unteren Kammern flach und nicht vorstehend. Selten; 1,50 mm.

No. 240.

Tafel XXXVIII. Figur 11.

Das Gehäuse klein und kurz, nach oben dicker werdend, nur vier Kammern, von welchen die erste wenig nach vorn geneigt und niedrig ist, die letzte, die Hälfte des Gehäuses einnehmend, steht schief zur Naht und ist nach vorn gebaucht. Die Mündung nach hinten zurücktretend. Selten; 0,30 mm.

No. 241.

Tafel XXXVIII. Figur 12.

Der vorigen ähnlich aber grösser; die letzte fast drei Viertel der Grösse des Gehäuses einnehmende, stark gewölbte Kammer, läuft spitz zur centralen Mündung aus. Selten; 0,50 mm.

No. 242.

Tafel XXXVIII. Figur [illegible]

Das Gehäuse erscheint longeiförmig, glatt, fast gleichseitig, die Bauchseite nur wenig mehr als die Rückenseite gebogen. Die erste kugelförmige kleine Kammer nach vorn geneigt; die letzte mehr als die Hälfte einnehmende Kammer ist central zur Axe gestellt. Mündung wie bei den vorhergehenden fein gestrahlt. Selten; 0,75 mm.

No. 243

Tafel XXXVIII. Figur 14

Das Gehäuse lang oval, fast walzenförmig, oben und unten gleichmässig zugespitzt, die erste Kammer wenig nach vorn geneigt, die letzte, zur central stehenden Mündung gleichseitig anlaufende Kammer, nimmt etwas über die Hälfte der aus fünf Kammern gebildeten Schaale ein. Die Nähte glatt ohne Einschnürungen. Selten; 0,82 mm.

No. 244.

Tafel XL. Figur [illegible]

Zwillingsverwachsung von zwei Marginulinen aus der gemeinschaftlichen Embryonalkammer entspringend, nach verschiedenen Richtungen im rechten Winkel entwickelt. Sehr selten; 0,38 mm.

No. 245.

Tafel XL. Figur [illegible]

Zwillingsverwachsung zweier Marginulinen, bei welcher die beiden letzten Kammern um hundertachtzig Grad gedreht, sich an die vorhergehende Kammer angesetzt haben. Sehr selten; 0,47 mm.

No. 246.

Tafel XL. Figur [illegible]

Zwillingsverwachsung zweier Marginulinen, bei welcher aus der mittleren Kammer sowohl nach oben als nach unten sich Endkammern mit vollkommen terminaler gestrahlter Mündung ausgebildet haben; die Stellung dieser Endkammern ist bei der oberen nach hinten, bei der unteren nach vorn gerichtet. Sehr selten; 0,18 mm.

No. 247.

Tafel XL. Figur [illegible]

Zwillingsverwachsung zweier Marginulinen, bei welcher der obere Theil nach der in Figur 5 Tafel XL abgebildeten, der untere Theil nach Figur 15 gestaltet ist. Die Zwillingsebene scheint in der kurzen Diagonale der rhombenförmigen Kammern von No. 15 zu liegen und ist das eine Ende um hundertachtzig Grad gedreht. Selten; 0,60 mm.

Dritte Ordnung.

HELICOSTEGIA D'ORBIGNY.

Kammern auf einer einzigen Axe übereinander gestellt, eine spiralige, regelmässige und genau charakterisirte Rolle bildend. Spindel schief oder aufgerollt auf der nämlichen Fläche.

I. CRISTELLARIA D'ORB.

Kammern entweder sämmtlich zur meist zusammengedrückten, gleichseitigen Spirale eingerollt oder doch die ersten Kammern wenigstens ein Drittheil eines spiralen Umganges bildend. Mündung rund, im ersten Falle am Carenalwinkel liegend, im zweiten terminal.

No. 248.

Tafel XII. Figur 1, 2.

Gehäuse glänzend, lang oval, aus fünf schrägen, langen Kammern gebildet, von welchen die letzte spitz ausläuft, mit terminaler, gestrahlter Mündung und mit ihrer Basis bis zur Hälfte des Gehäuses hinabreicht. Nicht selten; 0,70 mm.

No. 249.

Tafel XII. Figur 3, 4.

Gehäuse langgestreckt, nur wenig nach oben sich verbreiternd; der untere Theil wenig spiral, fast marginulinenartig ausgebildet. Schale glatt. Nähte am Rücken divergirend, seicht, nur die letzte Kammer vorn einschnürend. Die Kammern wachsen allmälig; die letzte steht steil, etwas nach vorn geneigt; die Mundfläche lang oval, die vorletzte Kammer gewölbt. Mündung terminal, gestrahlt. Selten; 1,05 mm.

No. 250.

Tafel XII. Figur 5, 6.

Gehäuse langgestreckt, nach oben verbreitert; der untere Theil spiral entwickelt und hervortretend. Schale glatt. Nähte am Rücken divergirend, seicht, linear. Die Kammern an der

Vorderseite gebaucht, am Rücken concav eingebuchtet, weil die Nahtstellen am Rücken erhoben sind. Die letzte lang ovale Kammer an der Basis stark hervortretend, nimmt die Hälfte der Länge des Gehäuses ein und liegt mit der gestrahlten Mündung zum Rücken geneigt. Selten; 1,00 mm.

No. 251.

Tafel XII. Figur 9, 10.

Gehäuse langgestreckt, nach oben wenig verbreitert; der untere Theil spiral entwickelt, wenig hervortretend. Schale glatt, die Nähte nach dem Rücken divergirend, seicht, linear. Die erste halbkugelförmige Kammer bedeckt die nächstfolgenden an deren Basis; die letzte, nach vorn geneigte, steil gestellte Kammer ist lang oval, wenig gebaucht am Rücken fast gerade und läuft in eine feine Spitze zur gestrahlten Mündung aus, sie nimmt fast zwei Drittel der Höhe des Gehäuses an der Vorderseite ein. Selten; 1,09 mm.

No. 252.

Tafel XII. Figur 11, 12.

Das längliche, von vorn gesehene, rhombenförmige Gehäuse ist nach oben und unten gleichmässig zugespitzt, in der Mitte wenig schmaler als die halbe Länge beträgt; in der Seitenansicht steil, der untere hervorragende Theil ist spiral entwickelt; die erste Kammer deckt die nächstfolgenden drei horizontal liegenden, die anderen vier Kammern wachsend, an der Rückenseite divergirend, die Schale ist glatt, die Nähte seicht ohne Einschnürung. Die herzförmige Mundfläche reicht tief hinab, mehr als die Hälfte der Höhe des Gehäuses einnehmend, in der Mitte etwas vertieft. Die Mündung läuft spitz aus und ist terminal. Nicht selten; 1,30 mm.

No. 253.

Tafel XXXVIII. Figur 15, 16.

Gehäuse langgestreckt, der untere spiral entwickelte Theil hervortretend ist schmaler als der obere; in der Vorderansicht sehr lang oval, etwas nach unten sich verjüngend. Die erste Kammer deckt die beiden folgenden horizontal liegenden, die anderen vier Kammern sind fast gleich gross. Die Nähte sind in den unteren Kammern seicht, in den oberen einschnürend. Der Rücken stark convex. Die Mundfläche verkehrt herzförmig, ihre Naht an der Basis gerade. Die letzte Kammer ist wenig gebaucht, steil und nimmt ein Drittel der Höhe ein. Die gestrahlte Mündung abgerundet. Selten; 1,00 mm.

No. 254.

Tafel XII. Figur 13, 14.

Das Gehäuse ist flach zusammengedrückt. Die ersten sechs, allmälig wachsenden Kammern sind spiral entwickelt um ein nicht genabeltes Centrum und werden von der ersten Kammer gedeckt. Die vorletzte Kammer ist lang, nicht gebaucht, frei und reicht bis zur ersten herab. die letzte dreieckige Kammer ist frei, die Mundfläche nimmt die Hälfte der Höhe des Gehäuses ein, dieselbe ist spitzeiförmig; die Mündung am Carinalwinkel liegend, ist gestrahlt. Der Rücken stark convex. Die zum Rücken divergirend verlaufenden Nähte sind ohne Einschnürung mit erhabenen Leisten versehen. Selten; 1,47 mm.

No. 255.

Tafel XII. Figur 15, 16.

Das glänzende Gehäuse ist lanzettförmig gestreckt, zusammengedrückt. Die sechs ersten spiral entwickelten Kammern wachsen allmälig um ein nicht genabeltes Centrum und werden von der ersten Kammer gedeckt. Die siebente und letzte Kammer ist an den Schultern eckig, ihre Mundfläche ist lang rhomboidal, lanzettförmig und reicht bis zur ersten Kammer herab, drei Viertel der Höhe des Gehäuses einnehmend; dieselbe läuft spitz zu mit der Mündung am Carenalwinkel. Selten; 1,28 mm.

No. 256.

Tafel XII. Figur 13, 14.

Gehäuse dick, glatt, in der Mitte stark gewölbt, aus sieben Kammern bestehend, von welchen die ersten liegenden fünf von der Embryonalkammer gedeckt werden. Die Nähte flach ohne Einschnürung verlaufen divergirend zur Rückenseite. Die vorletzte gebogene lange Kammer endet frei über der ersten, die letzte Kammer reicht mit ihrer langherzförmigen Mundfläche bis fast drei Viertel der Höhe des Gehäuses herab und berührt die vorhergehende Kammer an der Basis in stark gebogener Naht, die Schultern hervorragend mit schwachen Leisten. Die centrale Mündung scharf zugespitzt, gestrahlt. Selten; 1,28 mm.

No. 257.

Tafel XII. Figur 15, 16.

Gehäuse dick, glatt, in der Mitte stark gewölbt; der Rücken kantig; nur vier Kammern, von welchen die beiden ersten liegend und gedeckt, die beiden anderen ungedeckt sind. Die flachen Nähte divergiren zur Rückenseite. Die erste Kammer hat eine horizontale nicht nach vorn geneigte Lage, die letzte läuft spitz zur centralen Mündung aus; die Mundfläche spitzherzförmig, gewölbt, nimmt etwas über die Hälfte der Höhe der Schaale ein und berührt an der Basis in schwach gebogener Naht die vorletzte Kammer.

No. 258.

Tafel XII. Figur [illegible].

Gehäuse am oberen Theile dick aufgeblasen, glatt, der untere Theil rund gekielt. Die ersten drei Kammern liegend, spiral entwickelt decken sich, die folgende, an der Basis frei liegende Kammer dehnt sich nach allen Richtungen aus und ist insbesondere stark gewölbt, ebenso die letzte, welche fast bis zur ersten Kammer auf drei Viertel der Höhe hinabreicht und stark gebaucht ist. Der stark gebogene Rücken ist gekantet. Die gestrahlte Mündung steht auf einer kleinen Erhöhung; die Mundfläche verkehrt langherzförmig. Nicht selten; 0,80 mm.

No. 259.

Tafel XII. Figur 17, 18.

Die liegenden ersten vier Kammern glatt und allmälig wachsend sind von der ersten gedeckt; die folgende, lang gebogene, an der Basis frei liegende Kammer ist seitwärts und nach vorn stark gewölbt. Die Nähte der beiden letzten Kammern stark vertieft. Die letzte Kammer ist seitwärts und vorne stark gewölbt. Die Mundfläche breitherzförmig. Mündung gestrahlt, terminal. Der untere Theil des Gehäuses ist gekielt. Nicht selten; 1,12 mm.

No. 260.

Tafel XII. Figur [illegible].

In der Seitenansicht der vorhergehenden ähnlich. Die fünf ersten Kammern an der Basis liegend, sind von der ersten gedeckt, die sechste und letzte berührt an ihrer Basis die erste, dieselbe ist überhängend stark gebaucht, dagegen in den Schultern nicht gewölbt; der Rücken ist gekantet, die Nähte der beiden letzten Kammern vertieft. Die Mundfläche eiförmig. Die Mündung terminal. Selten; 0,81 mm.

No. 261.

Tafel XIII. Figur 7. 8.

Das von fünf Kammern gebildete, glatte, ovale Gehäuse ist kurz, aufgeblasen; die vier ersten Kammern werden von der ersten gedeckt, die letzte reicht bis zur ersten Kammer hinunter. Rücken und Bauchseite sind gleichmässig gebogen, ersterer gekantet. Die Nähte deutlich sichtbar aber nicht vertieft. Die letzte Kammer seitlich sehr stark gewölbt. Die Mundfläche breitherzförmig mit stark gebogener Naht an der Basis. Mündung terminal. Nicht selten; 1,07 mm.

No. 262.

Tafel XII. Figur 35. 36.

Gehäuse in der Seitenansicht symmetrisch spitzeiförmig mit breiter Basis und scharfer Zuspitzung, glatt, aus sechs Kammern gebildet, letzte und erste Kammern berühren sich; die Mundfläche scharf zugespitzt nimmt drei Viertel der Höhe ein, ist fast lanzettförmig; die Nähte glatt und schräg liegend. Der untere Theil des Gehäuses gekielt. Selten; 0,65 mm.

No. 263.

Tafel XII. Figur 37. 38.

Gehäuse schlank, aus sechs Kammern gebildet, von welchen die unteren vier durch die erste gedeckt werden, die fünfte liegt frei und ist stark gewölbt. Die letzte Kammer nimmt mit der langherzförmigen Mundfläche mehr als zwei Drittel der Höhe des Gehäuses ein und spitzt sich zur Mündung scharf zu. Der untere Theil gerundet. Die Nähte flach und nur die der letzten Kammer vertieft. Nicht selten; 0,08 mm.

No. 264.

Tafel XII. Figur 39. 40.

Gehäuse glatt, an der Rückenseite in den Ansatzstellen der Nähte geknickt, die letzten drei Kammern gewölbt. Mundfläche breitherzförmig, fast dreieckig, läuft bis zur Embryonalkammer herab; es ist diese Art wahrscheinlich eine Jugendform von einer der vorhergehenden, jedoch findet sie sich selten und fehlen die Uebergangsformen; 0,48 mm.

No. 265.

Tafel XII. Figur 73. 74.

Die erste Kammer deckt die beiden zunächst folgenden, liegenden, glatten Kammern; die unteren fünf Kammern bilden eine oben scharf zugespitzte Eiform, an welche sich die sechste langgezogene Kammer mit tiefer Naht an der stark gebauchten Vorderseite anlegt; die letzte zugespitzte Kammer ist ebenfalls gebaucht. Die Mundfläche spitzherzförmig hat eine seichte Vertiefung. Der obere Theil des Gehäuses ist nach vorn geneigt, der untere gekielt. Mündung terminal. Nicht selten; 1,50 mm.

No. 266.

Tafel XII. Figur 81. 82.

Die erste halbkugelige Kammer deckt die drei nächst folgenden horizontal liegenden, die fünfte ist frei, nicht gebaucht und hat ebenfalls noch eine horizontale Lage, die sechste dreieckig steigt an der Rückseite steil an, ebenso die siebente, welche jedoch an der Vorderseite hoher und gebaucht ist; die letzte spitzeiförmige Kammer ist mit der terminalen gestrahlten Mündung stark nach dem Rücken zu geneigt. Die Seitenansicht des Gehäuses lässt diese Form in gleicher Breite unten wie oben, dagegen die Vorderansicht oben breiter als unten erscheinen. Die Mundfläche spitzeiförmig, von gleicher Form als seitwärts. Die Nähte des unteren Theiles glatt, des oberen vertieft. Das Gehäuse erscheint steil und oberhalb wenig nach vorn geneigt. Selten; 1,33 mm.

No. 267.

Tafel XII. Figur 23. 24.

Die halbkugelige erste Kammer deckt die vier, nächst folgenden horizontal liegenden Kammern; die folgenden beiden, durch parallele Nähte getrennte Kammern sind schwach gewölbt und an der frei liegenden Vorderseite nicht gebaucht; die letzte gewölbte und stark gebauchte Kammer liegt mit der terminalen Mündung über die Rückenlinie hinüber geneigt, ihre Mundfläche erscheint spitzherzförmig, in der Mitte flach vertieft. Die Nähte des unteren Theiles glatt, des oberen nur an der Vorderseite vertieft. Gehäuse steil, der obere Theil stark nach vorn geneigt; in der Seitenansicht gleich breit, in der Vorderansicht oben bedeutend breit, nach unten zugespitzt. Selten; 1,08 mm.

No. 268.

Tafel XIII. Figur 1. 2.

Die ersten zwei liegenden, niedrigen Kammern sind von der Embryonalkammer verdeckt, die folgenden fünf sind frei. Die Nähte zwar deutlich sichtbar, sind wenig vertieft, daher erscheint das Gehäuse glatt, der obere Theil desselben allmälig sich verbreiternd, die schräg gestellten Kammern wachsend. Die Mundfläche verkehrtspitzherzförmig, nimmt fast die Hälfte der Höhe ein, an der Basis so breit als hoch, so dass das Gehäuse in der Vorderansicht eine rhomboidale Gestalt annimmt, nach unten wie nach oben gleichmässig zugespitzt. Die letzte Kammer gewölbt und gebaucht, steht gerade und spitzt sich zur gestrahlten terminalen Mündung zu. Selten; 1,05 mm.

No. 269.

Tafel XIII. Figur 3. 10.

Die ersten drei liegenden Kammern von der Embryonalkammer gedeckt, die folgenden vier sind frei. Die Nähte der unteren Kammern glatt. Das Gehäuse verbreitert sich nach oben bedeutend, die mittleren frei liegenden Kammern fast gleich hoch, sind an der Rückenseite wenig gewölbt, an der Vorderseite flach. Die letzte, nach dem Rücken geneigte, stark gewölbte und gebauchte Kammer tritt über den unteren Theil des Gehäuses weit vor; die Mundfläche rundherzförmig mit scharfer Zuspitzung der terminalen Mündung; der untere Theil des Gehäuses bildet ein spitzes, gleichschenkliges Dreieck. Nicht selten; 1,70 mm.

No. 270.

Tafel XIII. Figur 3. 4.

Die unteren fünf liegenden, allmälig wachsenden Kammern neigen nach vorn, die folgenden drei oberen Kammern ebenso, so dass die Vorderseite stark concav, die Rückenseite convex gebogen ist. Die Nähte glatt, die letzte gerade gestellte Kammer seitwärts gewölbt, schwach gebaucht. Die Mundfläche spitzherzförmig nimmt die Hälfte der Höhe ein, der darunter liegende Theil des Gehäuses bildet ein fast gleichseitiges Dreieck. Mündung spitz terminal. Nicht selten; 1,34 mm.

No. 271.

Tafel XIII. Figur 5. 6.

Der untere Theil stark spiral entwickelt; die ersten fünf, allmälig wachsenden niedrigen Kammern von der Embryonalkammer gedeckt, bilden die Spirale; die siebente Kammer ist niedrig, am Rücken ansteigend, schwach gewölbt, an der Vorderseite frei liegend, niedrig und flach; die letzte Kammer aufgeblasen, gerade, stark gewölbt und gebaucht tritt über den unteren Theil des Gehäuses weit hervor und nimmt mehr als die Hälfte der Höhe desselben ein. Die Mundfläche verkehrtherzförmig, nach unten sich verschmälernd mit gerade abgestumpfter Basis; die Mündung stumpf aufgesetzt, terminal. Nicht selten; 1,33 mm.

No. 272.

Tafel XIV. Figur 27, 28.

Der untere, vollkommen spiral entwickelte Theil enthält sieben allmälig wachsende Kammern, die folgenden zwei freien Kammern sind aufgerichtet, an der Vorderseite stark gebaucht; die letzte spitzeiförmige, nach der Rückenseite stark überneigende Kammer trägt die terminale spitz zulaufende Mündung. Die Mundfläche spitzeiförmig, ist durch eine tief einschneidende Naht an der Seite und vorn von der vorletzten, stark gewölbten Kammer getrennt. Das Gehäuse ist steil, nach oben sich mässig verjüngend, in der Vorderansicht erscheint dasselbe in der Mitte nur wenig verdickt. Selten; 1,24 mm.

No. 273.

Tafel XIV. Figur 29, 30.

Der untere, vollkommen spiral entwickelte Theil enthält fünf allmälig wachsende Kammern, der übrige aus drei, frei liegenden, stark gewölbten Kammern bestehende Theil des Gehäuses ist nach vorn geneigt, so dass der Rücken eine kreisförmig convexe, in den einzelnen Abschnitten nicht gewölbte Linie bildet. Die letzte Kammer ist kleiner als die vorletzte und trägt auf einem kugeligen Ansatze die gestrahlte Mündung; häufig steht die letzte Kammer schief, wie in Figur 30 zu ersehen ist. Die Mundfläche oval. Die Nähte seitlich und vorn vertieft, die Ansatzstelle derselben an der Rückenlinie lässt die Mündungen der Kammern erkennen. Die Breite der Kammern fast gleich, ebenso am Rücken ihre Länge. Nicht selten; 1,47 mm.

No. 274.

Tafel XIV. Figur 31, 32.

Der untere, vollkommen spiral entwickelte Theil enthält fünf allmälig wachsende Kammern, der übrige aus zwei frei liegenden stark gewölbten Kammern bestehende Theil des Gehäuses ist wenig nach vorn geneigt, der Rücken daher wenig convex gebogen, in den einzelnen Abschnitten gewölbt. Die letzte stark gebauchte, seitwärts fast kreisförmige grosse Kammer, trägt auf einem kugeligen Ansatze die gestrahlte centrale Mündung. Die Mundfläche oval, ist mit Leisten an den Seiten versehen. Der Rücken am unteren Ende kielartig gekantet. Die Breite der Kammern fast gleich, ebenso am Rücken ihre Länge. Nicht selten; 1,40 mm.

No. 275.

Tafel XIV. Figur 33, 34.

Das Gehäuse dieser kleinen Form, von welcher der obere Theil fehlt, hat Aehnlichkeit mit der Figur 29, 30 abgebildeten, nur unterscheidet sie sich wesentlich durch das Grössenverhältniss und die grosse Seltenheit ihres Vorkommens; die Kammern derselben sind nicht gewölbt, die Nähte flach. Sehr selten; 0,48 mm.

No. 276.

Tafel XV. Figur 1, 2.

Der untere spiral entwickelte Theil enthält neun, allmälig wachsende Kammern, deren Basis sich an die Embryonalkammer legt; die beiden folgenden gewölbten Kammern liegen frei, von welchen die letztere steil aufgerichtet steht. Die Nähte sind anfangs seicht, höher hinauf vertieft. Die letzte der eilf Kammern ist nach vorn geneigt und gebaucht; die Mundfläche schmal und langherzförmig, der Rücken convex. Die gestrahlte Mündung auf einer kurzen Erhebung. Das Gehäuse ist stark zusammengedrückt. Selten; 2,37 mm.

No. 277.

Tafel XV. Figur 5. 6.

Der vorigen ähnlich, jedoch liegt die Basis der ersten sieben Kammern mehr in der Mitte der Spirale ohne Nabel; der Umfang der Spirale, so wie der obere Theil, ist breiter, weniger nach vorn vorspringend. Die letzte der neun Kammern ist kleiner als die vorhergehende. Die gestrahlte Mündung ist nach dem Rücken geneigt; der Rücken stark convex, in der Mitte eckig gebogen. Selten; 2,77 mm.

No. 278.

Tafel XV. Figur 9, 10.

Sämmtliche Kammern spiral entwickelt, nur die letzte schmale, steil gestellte Kammer liegt frei, mit ihrer Basis die Embryonalkammer berührend. Das Gehäuse lang oval. Die Basis sämmtlicher Kammern mit Ausnahme der letzten liegt in der Mitte der Spirale ohne sichtbare Nabelscheibe. Die Mundfläche langeiförmig trägt die gestrahlte feine Mündung. Die Nähte anfangs seicht, vertiefen sich bei der letzten gewölbten, schwach gebauchten Kammer. Gehäuse in der Mitte verdickt, unten wie oben gleichmässig zugespitzt. Selten; 2,01 mm.

No. 279.

Tafel XV. Figur 7. 8.

Der in Figur 6 beschriebenen Seitenansicht ähnlich, nur ist die vorletzte Kammer stark gewölbt, die letzte stark gebaucht mit wulstigen Leisten an den Seiten der pyramidenförmigen Mundfläche. Die gestrahlte Mündung noch mehr nach rückwärts gerichtet, der Rücken an dem spiralen Theile scharf gekielt; in der Mitte ist das Gehäuse verdickt. Selten; 2,23 mm.

No. 280.

Tafel XV. Figur 11. 12.

Der in Figur 9 und 10 beschriebenen ähnlich, jedoch liegen die letzten Kammern nicht steil, daher das Gehäuse weniger lang oval erscheint; die beiden letzten Kammern liegen frei, von denen die letzte sehr klein und dreieckig die gestrahlte Mündung trägt. Die Nähte seicht, daher das ganze Gehäuse glatt und die Kammern nicht gewölbt erscheinen; in der Mitte ist das Gehäuse verdickt und spitzt sich nach oben und unten gleichmässig zu einem langen Oval aus. Selten; 2,00 mm.

No. 281.

Tafel XV. Figur 3. 4.

Die ersten acht allmälig wachsenden Kammern bilden eine vollkommene Spirale mit vertieftem Centrum, die folgenden drei gewölbten Kammern sind stark nach vorn geneigt und liegen frei; der Rücken stark convex, kreisförmig gerundet; die gebogenen Nähte sind anfangs seicht, bei den letzten vier Kammern vertieft und verlaufen rechtwinkelig zur Rückenlinie. Die langeiförmige, an der Basis gerade abgestumpfte Mundfläche trägt die gestrahlte Mündung auf einer kleinen Erhöhung. Die Schaale erscheint seitlich mässig gedrückt, von oben bis unten gleich breit, unten mehr als oben gerundet. Es ist dies die grösste der aufgefundenen Cristellarien; 3,00 mm.

No. 282.

Tafel XIII. Figur 23, 24, 25.

Die kugelige erste Kammer nimmt fast die Hälfte des ganzen, nur aus zwei Kammern bestehenden Gehäuses ein, die darauf sitzende Kammer bildet im Grundriss Fig. 25 ein gleichseitiges Dreieck mit abgerundeten Ecken, weil Schultern und Rücken der Kammer gleichmässig rund gekantet sind. Die stark einschnürende Naht liegt horizontal in Bogenform. Die Mundfläche breitherzförmig, spitz zulaufend mit gestrahlter Mündung. Nicht selten; 0,84 mm.

No. 263.

Tafel VIII. Figur 19, 20.

Der vorigen ähnlich, nur viel grösser und mit einer dritten Endkammer, welche mit der Schulter bis zur ersten Kammer hinunter reicht und die mittlere Kammer in der Vorderansicht gänzlich deckt. Selten; 1,23 mm.

No. 264.

Tafel XIV. Figur 3, 4.

Das Gehäuse dieser kleinen Form ist spitzeiförmig, die erste Kammer verhältnissmässig gross, ist kugelig, die andere Kammer umfasst die erste und lässt in der breiten Vorderansicht die gebogene seichte Naht erkennen. Mündung gestrahlt und zugespitzt. Selten; wahrscheinlich eine Jugendform von Figur 19, 20 Tafel XIII. In gleicher Weise sind die, auf Tafel XIV, Figur 1 und 2, so wie 9 und 10 abgebildeten Arten nur Jugendformen der vorhergehenden Arten; 0,47 mm.

No. 265.

Tafel XIII. Figur 21, 22.

Die erste Kammer ist kugelförmig und stark entwickelt, sie hat die grösste Breite des Gehäuses, fast bis zur Hälfte der Höhe desselben reichend, die drei folgenden gleich hohen Kammern werden von der letzten verdeckt. Die gerade Mundfläche langherzförmig mit wulstigen Schultern, die Nähte flach ohne Einschnürung. Die gestrahlte Mündung central auf einer Erhöhung. Der Rücken bis zur Hälfte der ersten Kammer mit gerundetem Kiel. Selten; 1,44 mm.

No. 266.

Tafel XIV. Figur 5, 6.

Wahrscheinlich eine Jugendform zu der vorstehenden Art. Selten; 0,53 mm.

No. 267.

Tafel XIII. Figur 23, 24.

Das rauhe Gehäuse zeigt vier Kammern, von welchen die erste kugelig mit scharfem Kiel, die folgenden beiden gebogen, durch seichte Nähte getrennt, werden von der ersten und letzten Kammer gedeckt, die letztere stark gebaucht und vorstehend, nimmt fast drei Viertel der Höhe ein und ist langherzförmig zugespitzt mit fein gestrahlter Mündung. Selten; 1,03 mm.

No. 268.

Tafel XIV. Figur 13, 14.

Die erste Kammer ist stark nach vorn gerichtet und kugelig, sie reicht nicht bis zur tiefsten Stelle des Gehäuses, wie bei den vorhergehenden Formen, vielmehr berührt der Rücken der zwei folgenden, spiralig gestellten, allmälig sich vergrössernden, durch seichte Nähte getrennten Kammern dieselbe, die drei folgenden sind durch wenig vertiefte gebogene Nähte geschieden; die letzte Kammer ist am grössten, die Basis ihrer Mundfläche wird von der ersten Kammer begrenzt, sie verjüngt sich nach der Basis, so dass ihre grösste Breite in der Hälfte ihrer Höhe liegt, die Seiten zeigen Leisten. Mündung central, der Rücken nach unten gekielt. Nicht selten; 1,20 mm.

No. 269.

Tafel XIV. Figur 11, 12.

Der vorigen ähnlich, jedoch ist das Gehäuse schmaler und mehr zusammengedrückt, die Nähte vertieft und der Rücken nach unten schärfer gekielt. Die Mundfläche fast lanzettförmig. Nicht selten; 1,12 mm.

No. 200.

Tafel XVIII. Figur 5, 6.

Der vorigen ähnlich, jedoch ist die erste kugelige Kammer weit vorragend, so dass dieselbe ganz ausserhalb der Spirale liegt, die Rückenlinie lässt einen breiten Saum erkennen, vielleicht nur eine Monstrosität, da eine Wiederholung dieser Form nicht vorgekommen ist; 0,78 mm.

No. 201.

Tafel XIV. Figur 7, 8.

Wahrscheinlich eine Jugendform zu der Tafel XIII. Figur 21, 22 abgebildeten Art. Sehr selten; 0,50 mm.

No. 202.

Tafel XIV. Figur 13, 14.

Die erste kugelige Kammer liegt höher als die folgenden, spiral entwickelten Kammern, das Gehäuse hat sechs allmälig wachsende, anfangs seichte, dann durch vertiefte und gebogene Nähte getrennte Kammern, die letzte am grössten, ihre gebauchte Mundfläche wird von der ersten Kammer an der Basis gedeckt, sie hat ihre grösste Breite auf einem Drittel ihrer Höhe, ist herzförmig und tief eingeschnitten, ihre Seiten von Leisten eingefasst. Der Rücken ist am unteren Theile gekielt. Ziemlich häufig; 1,47 mm.

No. 203.

Tafel XIV. Figur 17, 18.

Der untere Theil des Gehäuses ist spiralig entwickelt, nur die letzte an der Vorderseite geradlinige Kammer ist frei und reicht bis zur ersten Kammer; die mittleren dreieckigen Kammern sind unregelmässig gewölbt, die Nähte anfangs glatt, später vertieft und geradlinig. Die Mundfläche lang oval trägt auf einer Erhöhung die gestrahlte Mündung, an der Basis wird sie von der weit vorspringenden ersten Kammer berührt. Sehr selten; 1,00 mm.

No. 204.

Tafel XIV. Figur 19, 20.

Das sehr zusammengedrückte nach unten zugeschärfte Gehäuse ist im Anfange spiralig entwickelt und glatt, ohne Nabel, die Nähte radial sind im Innern der Schale durch weisse, vom Centrum der Spirale ausgehende sternförmige Zeichnungen angedeutet. Die letzte an der Vorderseite geradlinige Kammer geht bis auf zwei Drittel der Höhe des Gehäuses hinunter; die erste Kammer und der ganze untere Theil springt nicht vor, wie bei den früheren Formen und dadurch erhält das Gehäuse ein keilartiges Aussehen. Die Schultern springen etwas hervor auf einem Drittel der Höhe des Gehäuses, die gestrahlte Mündung spitzt sich von vorn gesehen scharf zu. Sehr selten; 0,77 mm.

No. 205.

Tafel XIII. Figur 10, 11.

Das glatte, ein Oval bildende sehr zusammengedrückte Gehäuse wird von vier Kammern gebildet; die Nähte kaum zu erkennen, die erste Kammer ist flach und horizontal, die letzte Kammer senkt sich an der Bauchseite bis zur Hälfte der Höhe hinunter und endigt spitz zusammenlaufend zur gestrahlten Mündung. Der Rücken an den Ansatzstellen der Nähte eckig gebogen und scharf, die Mundfläche ein spitzes Dreieck bildend. Selten; 0,77 mm.

No. 296.

Tafel XIII. Figur 13, 14.

Das unten gerundete, glatte, oben zugespitzte ovale Gehäuse wird von fünf Kammern gebildet, von denen die ersten spiral gestellt sind, die vorletzte Kammer ist die grösseste und nimmt an der gewölbten Bauchseite über ein Drittel der Höhe ein, die schrägen Nähte flach, nur zwischen den letzten beiden Kammern nach vorn vertieft; die Mundfläche spitzbogenförmig trägt die kleine gestrahlte Mündung. Selten; 0,68 mm.

No. 297.

Tafel XIII. Figur 15, 16.

Aehnlich der in Figur 13, 14 abgebildeten, nur kleiner und weniger zusammengedrückt; vielleicht eine Jugendform der letzteren. Selten; 0,30 mm.

No. 298.

Tafel XIV. Figur 21, 22.

Der untere Theil ist zur vollkommenen Spirale ausgebildet, die Nähte sind undeutlich zu erkennen, das Centrum der Spirale ist erhaben, ein Nabel schwach angedeutet, der Rücken bis zum unteren Theile des Gehäuses mit Flügelsaum bekleidet, die oberen Kammern bilden einen nach vorn geneigten Winkel am Rücken, während die vordere Seite der letzten und vorletzten Kammer, welche frei liegen, in einer schwach convex gebogenen Linie bis zur Hälfte des Gehäuses herabgehen. Dieser obere Theil des Gehäuses ist unsymmetrisch entwickelt, wie dies bei anderen Formen, z. B. Tafel XVII. Figur 9 und 10, häufig vorkommt. Sehr selten; 0,57 mm.

No. 299.

Tafel XIV. Figur 23, 24.

Das glänzende Gehäuse hat am unteren Theile eine spirale Bildung mit seichten Nähten. Die Kammern sind sehr unsymmetrisch ausgebildet, so dass die Naht der letzten Kammer der rechten Seite von der Mitte des Gehäuses sich schräg über der Bauchseite nach der Mündung hin verläuft, während die vorletzte Kammer der linken Seite den ganzen vorderen Theil bis tief hinunter zur ersten Kammer, ungefähr vier Fünftel der Höhe des Gehäuses einnimmt. Die oberen Nähte sind vertieft, die Rückenlinie ist eckig gebogen, die letzte Kammer läuft steil in die Höhe und fällt nach vorn ebenso herunter, so dass die Mündung auf einem Kegel steht, dieselbe ist gestrahlt mit vorderem Spalt. Sehr selten; 1,10 mm.

No. 300.

Tafel XIV. Figur 25, 26.

Der kreisförmige untere Theil ist vollkommen spiral entwickelt ohne Nabel. Das Gehäuse enthält neun Kammern, von welchen die beiden letzten mit stark convexem Rücken nach vorn hervortretend spitz verlaufen. Die letzte Kammer ist klein und dreieckig, sie trägt die gestrahlte Mündung. Die concave Mundfläche erscheint von vorn kegelförmig. Das Gehäuse stark zusammengedrückt mit scharfem Rückenrand. Die Nähte gebogen und schwach vertieft. Sehr selten; 1,11 mm.

No. 301.

Tafel XIV. Figur 33, 34.

Aehnlich der vorigen, nur ist der obere Theil weniger spitz und die Form viel kleiner, vielleicht nur eine Jugendform der vorigen. Selten; 0,45 mm.

No. 302.

Tafel XVI. Figur 1. 2.

Der untere scharf gekielte Theil des Gehäuses ist kreisförmig mit schwacher Andeutung eines Nabels im Centrum der vollkommenen Spirale, deren Nähte flach und stark gebogen sind. Das zusammengedrückte Gehäuse zählt neun am Rücken fast gleich breite Kammern, welche sämmtlich mit ihrer Basis im Centrum der Spirale liegen, jedoch erheben sich die drei letzten Kammern über dem spiralen Theil. Die letzte von Leisten eingefasste Kammer wird an ihrer Basis von der ersten bedeckt und reicht bis zur Mitte des Gehäuses. Die Mundfläche halblinsenförmig an der Basis vertieft. Die oberen Nähte leistenförmig. Die Mündung klein und gestrahlt, carenal. Ziemlich häufig; 2,01 mm.

No. 303.

Tafel XVI. Figur 3. 4.

Der obere Theil, aus vier Kammern bestehend, mit vertieften, gewulsteten Nähten hat Aehnlichkeit mit der vorhergehenden Form, nur ist die Mundfläche etwas spitzer, der untere Theil dagegen hat sich mit seiner rechten Seite an die linke obere angelegt, wodurch eine Zwillingsverwachsung um hundertachtzig Grad gedreht entstanden ist; der Nabel der Spirale ist hervortretend, dagegen der Rücken nur schwach gekielt. Sehr selten; 1,87 mm.

II. Robulina d'Orb.

Kammern stets sämmtlich spiral eingerollt; der letzte Umgang vollkommen umfassend, in der Regel mit mehr oder weniger vertikaler, spaltenförmig verlängerter, carenaler Mündung. Geht ohne scharfe Grenze allmälig in die vorige Abtheilung über.

No. 304.

Tafel XVI. Figur 5. 6.

Der untere Theil des schief ovalen sehr zusammengedrückten Gehäuses ist kreisförmig und scharf gekielt, die gebogenen Nähte dieses Theiles der Schaale sind flach und kaum zu erkennen, erst an den letzten vier Kammern erscheinen sie mässig vertieft; es vereinigen sich letztere oberhalb der Basis der nach unten sich verschmälernden, lanzettlichen Mundfläche und bilden daselbst eine Vertiefung, jedoch ohne Nabel. Die mit Leisten eingefasste Mundfläche und der untere spirale Theil des Gehäuses bilden, von der Seite gesehen, ein wenig gebogene ununterbrochene Linie; die Breite des ganzen Gehäuses ist gleich seiner halben Höhe; die Dicke ungefähr gleich einem Sechstel derselben. Die Mündung ist vorn geschlitzt, nach hinten gestrahlt auf einer Erhöhung; das abgebildete Exemplar ist seitlich verbogen. Ziemlich selten; 1,70 mm.

No. 305.

Tafel XVI. Figur 7. 8.

Das zusammengedrückte, unten gerundete Gehäuse wird von sieben, durch tiefe Nähte getrennte Kammern gebildet, von welchen die ersten fünf aus dem vertieften Centrum hervorgehen und stark gebogen sind. Die vorletzte stark gewölbte Kammer mit einem solchen Rücken überdeckt das Centrum. Die letzte gewölbte Kammer ist die grösste, ihre Mundfläche, von Leisten eingefasst, ist oval und reicht bis zur Mitte der Höhe des Gehäuses. Die Mündung fein geschlitzt, im oberen Theile gestrahlt. Der Rücken unterwärts scharfkantig, an manchen Exemplaren gekielt oder mit einem Flügelsaum versehen. Ziemlich selten; 1,03 mm.

No. 306.

Tafel XVI. Figur 9, 10.

Der vorigen ähnlich, nur viel breiter und die Mundfläche tiefer hinabgehend; die Nähte rechtwinklig zur Rückenlinie gestellt sind weniger vertieft. Die Mündung ist auf der breiten, oben gerundeten letzten Kammer in einer Erhöhung stumpf aufgesetzt. Sehr selten; 1,15 mm.

No. 307.

Tafel XVI. Figur 13, 14.

Das aus fünf Kammern gebildete Gehäuse ist am unteren Theile scharf gekantet, die Nähte der ersten Kammern sind seicht, dagegen ist die Naht der letzten und vorletzten stark vertieft, sie theilt das Gehäuse gleichsam in zwei Theile, von welchen die letzte, kuppelförmige Kammer einen Theil und fast die Hälfte des Gehäuses einnimmt; die trennende horizontale Naht derselben steht rechtwinklig zur Rückenlinie und zur Mundfläche, letztere ist lang oval mit Leisten eingefasst; die sehr starke Wölbung der letzten Kammer ragt über den unteren spitz zulaufenden Theil der Mundfläche in der Vorderansicht weit hervor. Die Mündung eine feine Spalte mit gestrahlter Erhöhung. Nicht selten; 1,16 mm.

No. 308.

Tafel XVI. Figur 11, 12.

Das langgestreckte Gehäuse wird von sechs allmälig wachsenden Kammern gebildet, von welchen die ersten vier den unteren spiralen Theil einnehmen, welcher nach vorn geneigt ist und deren Kammern durch seichte, wenig gebogene, radiale Nähte getrennt sind; die oberen beiden stark gewölbten Kammern sind durch eine, vom Rücken nach der Basis der Mundfläche schräg laufende, tiefe und gebogene Naht getrennt; die Rückenlinie und die zwischen den gebuchteten Einmündungsstellen der Nähte liegenden Theile derselben sind convex, die schmale Mundfläche ist stark gebaucht und von schmalen Leisten eingefasst; die Mündung vorn mit vertikaler Spalte, nach hinten auf einer starken Erhöhung gestrahlt. Sehr selten; 1,57 mm.

No. 309.

Tafel XVI. Figur 15, 16.

Der vorigen ähnlich, der untere Theil noch stärker vorgeneigt und niedriger, die Mundfläche breiter und kürzer, so dass dieselbe nicht bis zur Spirale hinunter reicht; der ganze Rücken ist mit einem Flügelsaum geziert. Sehr selten; 1,70 mm.

No. 310.

Tafel XVI. Figur 17, 18.

Das unten gerundete, oben zugespitzte aus vier Kammern gebildete Gehäuse ist glatt und die letzte Kammer seitlich und nach hinten gewölbt, sonst mässig zusammengedrückt und am Rücken eckig gebogen; der Rücken durchweg scharf gekielt. Die Nähte sind seicht und stark gebogen, insbesondere die letzte, welche das Gehäuse in zwei Theile theilt, von welchen die letzte Kammer einen Theil bildet, deren schmale Mundfläche nicht gebaucht, oft sogar concav gestellt ist. Die Mündung nur von vorn sichtbar, ist sehr klein. Nicht selten; 0,65 mm.

No. 311.

Tafel XVII. Figur 1. 2.

Das aus sechs allmälig wachsenden Kammern gebildete Gehäuse ist kreisförmig, nur die beiden letzten Kammern erheben sich über die Peripherie; die letzte Kammer ist kuppelförmig. Die Nähte sind sehr tief, wodurch sämmtliche Kammern stark gewölbt erscheinen und an der Rückenlinie starke Einschnürungen sichtbar werden lassen, sie sind gebogen und entspringen aus einer Vertiefung im Centrum der Spirale ohne Nabel, die Naht zwischen den beiden letzten Kammern steht normal zur Rückenlinie und zur Mundfläche. Die gebauchte Mundfläche, mit Leisten versehen, bildet ein längliches Oval und wird an der Basis von der Spirale des unteren Theiles verdeckt. Ein breiter gebuchteter Flügelsaum zieht sich auf der ganzen Rückenlinie entlang. Die Mündung vorn gespalten, auf einer Erhöhung. Ziemlich selten; 1,80 mm.

No. 312.

Tafel XVII. Figur 3. 4.

Der untere Theil des aus sieben Kammern gebildeten Gehäuses ist vollkommen kreisförmig, nur die letzte kuppelförmige Kammer erhebt sich über die Peripherie. Die Nähte der ersten fünf Kammern sind seicht, daher die Kammern glatt; dieselben entspringen aus einer, durch die Schaale durchschimmernden Nabelstelle und sind stark gebogen, die beiden letzten Nähte sind vertieft, daher deren angrenzende Kammern stark gewölbt sind. Die gebauchte, mit Leisten versehene ovale Mundfläche ist häufig schief gestellt und wird durch die untere Spirale tief eingeschnitten. Mündung wie bei der vorigen. Der Rücken mässig gekielt, jedoch ohne Saum. Nicht selten; 1,78 mm.

No. 313.

Tafel XVII. Figur 5. 6.

Der vorigen ähnlich, aus neun Kammern gebildet, der Rücken ist mit einem schmalen glatten Flügelsaum geziert. Ziemlich selten; 1,06 mm.

No. 314.

Tafel XVII. Figur 9. 10.

Der untere Theil des aus zehn, fast gleich grossen Kammern gebildeten Gehäuses ist kreisförmig, nur die beiden letzten, unregelmässig vierseitigen Kammern erheben sich über die Peripherie. Die Nähte sind wenig vertieft, dieselben gehen von einem vertieften im Centrum liegenden grossen Nabel aus, anfangs gebogen, nachher geradlinig und radial zur Peripherie. Die ovale, mit Leisten versehene, ungebauchte Mundfläche nimmt nur ein Drittel der Höhe des Gehäuses ein und wird von dem unteren Theile des Umganges eingeschnitten. Die Mündung wie bei den vorhergehenden. Nicht selten; 1,77 mm.

No. 315.

Tafel XVII. Figur 7. 8.

Das flach zusammengedrückte, aus acht fast gleich grossen dreieckigen Kammern gebildete glatte Gehäuse ist schwach gekielt mit einer deutlichen nicht im Centrum liegenden Nabelscheibe, aus welcher sämmtliche, stark gebogene, flache Nähte entspringen. Die Mundfläche ist lang oval mit Leisten versehen und wird von dem unteren Umgange tief eingeschnitten, ihre Seitenflächen ziehen sich zum Nabel herab. Mündung wie bei den vorhergehenden. Ziemlich selten; 1,00 mm.

No. 316.

Tafel XVII. Figur 11. 12.

Das genabelte, dicke Gehäuse besteht aus acht Kammern, welche nach dem Rücken zu stark gewölbt sind, die Rückenlinie ist eckig gebogen, der Kiel scharf, die Mundfläche gleichschenklig, dreieckig. Mündung wie bei den vorhergehenden. Selten; 1,60 mm.

No. 317.

Tafel XVII. Figur 13, 14.

Der vorigen ähnlich, nur viel kleiner, vielleicht eine Jugendform von jener. Selten; 0,96 mm.

No. 318.

Tafel XVII. Figur 15, 16.

Das Gehäuse langeiförmig, wenig zusammengedrückt ohne Nabelscheibe. Acht allmälig wachsende Kammern. Die Nähte flach, stark gebogen, entspringen aus dem Centrum; die beiden letzten Kammern erheben sich über die Spirale. Die mit Leisten eingefasste Mundfläche ist dreieckig und ziemlich stark gebaucht, sie nimmt die Hälfte der Höhe des Gehäuses ein; die Mündung vorn gespalten, nach oben gestrahlt auf einer kleinen Erhöhung. Der Rücken am untern Theile schwach gekielt. Ziemlich selten; 1,07 mm.

No. 319.

Tafel XVII. Figur 17, 18.

Das linsenförmige Gehäuse, an beiden Enden gleichmässig angespitzt, ist mit einem schmalen Saum eingefasst, der sich an der letzten Kammer verliert; die Nähte der sechs glatten Kammern sind flach und entspringen aus dem Centrum. Die letzte Kammer bildet ein gleichseitiges sphärisches Dreieck mit convexer Basis, die Mundfläche gewölbt geht bis zur Hälfte der Höhe der Gehäuse herab mit Leisten versehen, welche in die Seitenflächen sanft verlaufen. Mündung vorn kurz gespalten, nach hinten gestrahlt. Selten; 1,00 mm.

No. 320.

Tafel XVIII. Figur 1, 2.

Der vorigen ähnlich, nur gedrungener, die Mundfläche kleiner und deren Leisten tiefer einschneidend, die Mundspalte gross. Selten; 0,87 mm.

No. 321.

Tafel XVIII. Figur 3, 4.

Der vorigen ähnlich, nur ist die letzte Kammer niedriger und zur Mündung hin spitzer, die Nähte stark gebogen entspringen aus einer wenig vertieften Nabelstelle. Die Leisten der Mundfläche gehen tief hinunter. Selten; 1,20 mm.

No. 322.

Tafel XVIII. Figur 5, 6.

Das eiförmige, dicke Gehäuse besteht nur aus zwei Kammern, von welchen die jüngste drei Viertel der Höhe des Gehäuses einnimmt und ein gleichschenkliges sphärisches Dreieck mit concaver Basis bildet. Der Rücken ist gekielt. Die Mundfläche ist breitherzförmig und sanft gebaucht, mit Leisten eingefasst, welche tief hinunter gehen. Der untere Theil des Gehäuses kugelig. Die gespaltene Mündung ist nach oben fein gestrahlt. Ziemlich selten; 1,00 mm.

No. 323.

Tafel XVIII. Figur 15, 16.

Das gedrungene, stark gewölbte, glatte Gehäuse wird von fünf Kammern gebildet, und ist von einem Flügelsaum umspannt, der an den Ausmündungen der Nähte wellig gebogen ist. Die letzte Kammer bildet ein gleichseitiges sphärisches Dreieck mit concaver Basis, die Mundfläche durch den unteren spiralen Theil tief eingeschnitten, gespaltenherzförmig. Die Leisten der Mundfläche gehen fast bis zum Centrum ohne Nabelscheibe. Die gebogenen Nähte durchscheinend. Mündung wie bei den vorhergehenden. Selten; 1,23 mm.

No. 324.

Tafel XVIII. Figur 13. 14.

Der vorigen ähnlich, nur kleiner und ohne Kiel; der Rücken ist an den Ausmündungsstellen der Nähte eckig gebogen. Mundfläche schmalherzförmig mit breiten Leisten. Ziemlich selten; 0,77 mm.

No. 325.

Tafel XVIII. Figur 11. 12.

Das glatte, wenig glänzende, flach gedrückte Gehäuse erscheint kreisförmig; die letzte der sieben Kammern ist spitz zulaufend und tritt aus der Kreisform heraus; ungekielt; die gebogenen Nähte nur an den wenig durchscheinenden Seitenwänden schwach zu erkennen, ohne Nabelscheibe. Die Mundfläche flach mit Seitenleisten, welche fast bis zur Mitte der Höhe der Schale herunter gehen. Nicht selten; 1,28 mm.

No. 326.

Tafel XVIII. Figur 9. 10.

Das aus fünf Kammern gebildete, längliche, dicke Gehäuse wird von einem breiten, schon an der Mündung beginnenden Flügelsaum umfasst, welcher an den Ausmündungsstellen der Nähte der ersten Kammern eingeschnürt ist; die Nähte sind leistenförmig erhoben; die älteste sichtbare Kammer ist kugelig, die anderen, durch die wenig gebogenen Nähte geschiedenen Kammern ohne Nabelscheibe sind dreieckig, die jüngste grösser als die vorhergehende. Die Mundfläche ist ganz flach mit Leisten eingefasst, die bis zur Hälfte der Schale hinunter gehen. Die Mündung stark erhöhet, ist vorn gespalten, nach hinten gestrahlt. Sehr selten; 1,26 mm.

No. 327.

Tafel XVIII. Figur 15. 16.

Gehäuse kreisförmig, dick, die sieben Kammern glatt, die Nähte durchscheinend, nur anfänglich schwach gebogen, zuletzt gerade, gehen von einer erhobenen Nabelscheibe aus, an welche sie sich tangential anlegen. Die Kammern bilden Dreiecke, deren spitzere Winkel an der Nabelscheibe liegen. Die Mundfläche klein und flach, von Leisten begrenzt, der vorletzte Umgang geht ziemlich hoch in dieselbe hinauf. Mündung klein, gespalten und gestrahlt. Nicht selten; 1,03 mm.

No. 328.

Tafel XIX. Figur 1. 2.

Gehäuse kreisförmig, sehr dick, schwach gekielt mit sehr grosser, hoch erhabener Nabelscheibe. Die acht bis neun dreieckigen Kammern sind durch seichte, deutlich erkennbare fast geradlinige Nähte, welche sich tangential an die Nabelscheibe anlegen, getrennt; am Umfange sind die Mündungen der Kammern zu erkennen. Die herzförmige, tief eingeschnittene, breite Mundfläche ist kurz und von breiten, erhabenen Leisten begrenzt. Die Nabelscheibe hat eine chalcedonartige Farbung. Die Mündung wie vorher. Nicht selten; 1,54 mm.

No. 329.

Tafel XIX. Figur 3. 4.

Der vorigen ähnlich, aber weniger dick, nur fünf, durch kaum sichtbare, geradlinige Nähte getrennte Kammern, der Umfang scharf gekielt mit Flügelsaum. Die Mundfläche sehr schmal und durch den weit hinaufreichenden Kiel in zwei Theile getheilt mit sehr breiten erhabenen Leisten. Nabelscheibe wie bei der vorhergehenden Art. Nicht selten; 1,25 mm.

No. 830.

Tafel XIX. Figur 3. 4.

Der vorigen ähnlich, jedoch kleiner, mehr zusammengedrückt; die Nähte stark gebogen, die Nabelscheibe flach, ohne Kiel; fünf gebogene Kammern, welche die Mündungen der älteren Kammern erkennen lassen. Die Leisten der Mundfläche, vom Gewinde in zwei Hälften getheilt, ziehen sich zur Nabelscheibe in gebogener Linie tief hinab. Die Mündung gespalten, nach oben gestrahlt. Nicht selten; 0,85 mm.

No. 831.

Tafel XIX. Figur 9. 10.

Der in Figur 3 und 4 abgebildeten ähnlich, nur viel kleiner. Die Mundfläche von einer fast gerundeten Leiste eingefasst. Selten; 0,65 mm.

No. 832.

Tafel XIX. Figur 7. 8.

Das Gehäuse dieser grossen Art ist fast kreisförmig; zusammengedrückt, am Rücken mit einem sehr breiten, gewöhnlich zerbrochenen Flügelsaum geziert, ohne Nabelscheibe. Die acht flachen Kammern sind durch leistenförmige, wenig gebogene, an den älteren Kammern stark erhobene Nähte geschieden, welche letztere im Centrum mitunter aus kugeligen Ansätzen entspringen. Die wenig ausgebauchte Mundfläche ist lanzettförmig, an der Basis tief eingeschnitten und mit Leisten eingefasst. Die vorn in drei Theile gespaltene Mündung ist oben fein gestrahlt. Ziemlich selten; 2,31 mm.

No. 833.

Tafel XIX. Figur 11. 12.

Das kreisförmige von acht Kammern gebildete Gehäuse ist glatt, die Nähte kaum sichtbar, die Nabelscheibe nur durch die tangentialen geraden Linien der durchscheinenden Wände der Kammern angedeutet; ein Flügelsaum begrenzt die Rückenlinie bis zur Mundfläche, derselbe theilt letztere in zwei Hälften, deren Basis tief hinunter geht, dieselben sind mit Leisten begrenzt. Die gespaltene Mündung ist nach oben fein gestrahlt; an der Rückenlinie scheinen die Mündungen der älteren Kammern hindurch. Ziemlich selten; 1,83 mm.

No. 834.

Tafel XIX. Figur 13. 14.

Das vollkommene kreisförmige glatte Gehäuse wird von 11 fast gleich grossen Kammern gebildet, deren trennende, wenig gebogene Nähte kaum erkennbar sind; ein Flügelsaum umzieht den Rückenrand bis zur Mündung, daher die Mundfläche in zwei Hälften gespalten erscheint, deren Basis nicht tief hinunter sinkt, weil die Kammern nur schmal sind. Die Nabelscheibe ist glatt und nur durch die aus ihrer Peripherie entspringenden Nahtlinien angedeutet (die Zeichnung in der Figur 13 ist nicht zutreffend, weil sie auf eine Vertiefung der Nabelscheibe schliessen lässt). Die Mündung wie bei den vorhergehenden Formen. Nicht selten; 1,05 mm.

Es finden sich unter den bis hierher beschriebenen helicostegischen Formen mancherlei Zwillingsverwachsungen, von welchen

No. 835.

Tafel XVI. Figur 15. 16.

mit Figur 5 Tafel XIX. identisch sein dürfte und bei welcher die letzte schief angewachsene Kammer um hundertachtzig Grad gedreht erscheint.

No. 336.

Tafel XVIII. Figur [illegible]

zeigt einen Fünfling, dessen einfache Form wahrscheinlich mit Tafel XVIII. Figur 1 zusammenfällt; der Maassstab für die angegebenen Zeichnungen ist 68 : 1.

No. 337.

Tafel XVIII. Figur 17—18.

Eine Zwillingsverwachsung von der einfachen Form der Tafel XVIII. Figur 11, bei welcher die vorletzte Kammer um hundertachtzig Grad gedreht ist und daher deren Mündung aus der Rückenlinie hervorspringen musste, während die letzte Kammer der regelrechten Spiralwindung folgte.

No. 338.

Tafel XVIII. Figur [illegible]

Es ist dies eine eigenthümliche Verwachsung, welche wohl nur als eine Monstrosität gedeutet werden kann.

III. NONIONINA D'ORB.

Gehäuse frei, gleichseitig, meistens genabelt, Kammern sämmtlich spiral gestellt; der letzte Umgang umfassend. Die Mündung eine halbmondförmige Querspalte am unteren Rande der Septalfläche.

No. 339.

Tafel XX. Figur 1. 2.

Das kugelförmige Gehäuse wird von vier durch geradlinige, wenig vertiefte Nähte geschiedene, dreieckige Kammern von fast gleicher Grösse gebildet. Die Rückenlinie kreisförmig ohne Unterbrechung, die Nabelvertiefung kaum sichtbar. Die halbmondförmige Mündung liegt unter der wulstförmig abgerundeten Mundfläche der letzten Kammer. Schalenoberfläche glatt. Nicht selten; 0,25 mm.

No. 340.

Tafel XX. Figur 3. 4.

Das zusammengedrückte, aus fünf dreieckigen Kammern bestehende mit geraden, wenig vertieften Nähten gebildete Gehäuse ist glänzend mit vertieftem Nabel. Die Rückenlinie lappig ausgebogen, die halbmondförmige niedrige Mündung an der gewulsteten halbkreisförmigen Mundfläche der letzten Kammer. Nicht selten; 0,30 mm.

No. 341.

Tafel XX. Figur 5. 6.

Der vorigen ähnlich, nur mehr zusammengedrückt; die Mundfläche elliptisch gebogen. Selten; 0,38 mm.

No. 342.

Tafel XX. Figur 7. 8.

Das im Umkreise gerundete kreisförmige Gehäuse ist flach zusammengedrückt und mit feinen Poren dicht bedeckt, glänzend, mit deutlichem, vertieftem Nabel. Mundfläche gerundet und erhöhet. Mündung klein. Elf, durch vertiefte, wenig gebogene Nähte geschiedene Kammern. Häufig; 0,40 mm.

No. 343.

Tafel XX. Figur 9. 10.

Die vorige Form in Zwillingsverwachsung mit zwei um hundertachtzig Grad gedrehten Mundflächen. Sehr selten; 0,28 mm.

No. 344.

Tafel XXI. Figur 12. 13. 14.

Das fast kreisförmige, flache, schief gewundene Gehäuse zeigt zwölf bis vierzehn unregelmässige Kammern, welche durch radiale breite Nähte getrennt sind. Der Nabel stark vertieft, der Rand des Gehäuses stark gebuchtet; die letzte Kammer kugelförmig. Mündung halbmondförmig erhoben. Die Schaale ist rauh und mit groben Punkten besetzt. Nicht selten; 0,62 mm.

No. 345.

Tafel XXI. Figur 4. 5. 6.

Gehäuse kreisrund, rauh und flach, wird von einer grossen Anzahl schwer erkennbarer Kammern gebildet, deren gewulstete Nähte in einander verlaufen. Der Rand gerundet, obere Seite mit vertieftem Nabel; der innere Theil der unteren Seite ziemlich stark gewölbt. Die Schaale ist mit groben Punkten bedeckt. Mundfläche halbmondförmig den Saum umfassend. Sehr selten; 0,60 mm.

No. 346.

Tafel XXI. Figur 15. 16. 17.

Das mit groben Punkten bedeckte sehr unregelmässig gebildete Gehäuse ist wahrscheinlich eine Zwillingsform der Figur 12, 13, 14 abgebildeten Art. Sehr selten; 0,47 mm.

IV. Rotalina d'Orb.

Gehäuse ungleichseitig, kreiselförmig, selten stark zusammengedrückt. Die sichtbaren Kammern gleichmässig gestaltet, spiral aufgerollt; auf der unteren Seite sämmtliche Umgänge, auf der oberen nur der letzte Umgang sichtbar, oft aber auch sind die Kammern unregelmässig gehäuft oder an einander gereiht. Mündung meistens eine einfache verticale Spalte, am inneren Rande der Septalfläche oder im Nabel belegen, mitunter fehlend.

No. 347.

Tafel XX. Figur 11. 12. 13.

Gehäuse glänzend, von zehn bis zwölf sichtbaren, allmälig wachsenden Kammern gebildet. Die obere Seite zeigt die von seichten Nähten geschiedenen, dreieckigen gewölbten Kammern, von welchen die letzte mit der breiten Mundfläche weit und scharf endigend hervorragt; der

Umfang ist kreisförmig aber gebrochen an der Stelle, wo die radialen seichten Nähte endigen, in der Mitte ein vertiefter Nabel; die untere Fläche zeigt zwei Umgänge, von welchen nur der letzte die Abscheidung der Kammern durch radial gestellte Nähte in Trapezform erkennen lässt; der mittlere Theil ist vertieft, die Mündung liegt in der Mitte der letzten Kammer zwischen dem Nabel und der unteren Seite. Es finden sich rechts und links gewundene Formen. Häufig; 0,33 mm.

No. 348.

Tafel XX. Figur [illegible]

Der vorigen ähnlich, der kreisförmige Umgang ist nicht gebrochen; die untere Fläche lässt drei Umgänge mit achtzehn Kammern erkennen, die Nähte stehen tangential, die Mitte ist nicht vertieft sondern ganz flach, das Gehäuse glänzend. Nicht selten; 0,57 mm.

No. 349.

Tafel XXII. Figur [illegible]

Wahrscheinlich eine Zwillingsverwachsung der vorhergehenden (von Figur 11 Tafel XX.).

No. 350.

Tafel XX. Figur [illegible]

Gehäuse kreisförmig, oben und unten gleichmässig gewölbt und glatt, ohne vertieften Nabel. Auf der oberen Seite zeigen sich acht dreieckige Kammern, welche durch breite, flache, sternförmig gestellte Nähte gebildet werden; die Peripherie ist mit einem Saume eingefasst, in welchen die Nähte verlaufen. Die untere Seite lässt im letzten Umgange acht Kammern erkennen, deren kaum sichtbare Nähte tangential gestellt sind. Die Mundfläche wenig erhöhet. Nicht selten; 1,00 mm.

No. 351.

Tafel XX. Figur [illegible]

Der vorigen ähnlich, nur flacher, die Rückenlinie gebuchtet, auf der unteren Seite sind zwei Umgänge deutlich erkennbar, die einzelnen Kammern sind durch breite Zwischenräume getrennt. Die Schaale weniger glänzend. Nicht selten; 0,81 mm.

No. 352.

Tafel XXVIII. Figur 17, 18, 19

Eine Zwillingsverwachsung der vorerwähnten Rotalinenform Figur 23 Tafel XX. mit einer Cristellarien- oder Robulinenform, wahrscheinlich Figur 11 Tafel XVIII., einer Form, welche schon vorstehend in dem Fünfling Figur 10 Tafel XVIII. als zur Zwillingsbildung geneigt, aufgeführt wurde. Sehr selten; 0,50 mm.

No. 353.

Tafel XX. Figur [illegible]

Gehäuse ungleich gewölbt, gekielt, porzellanartig gefärbt. Auf beiden Seiten mit unregelmässig vertheilten Poren besetzt; die fünf Kammern kaum erkennbar. Sehr selten; 0,18 mm.

No. 354.

Tafel XX. Figur [illegible]

Die gekielte Randlinie des kreisförmigen, ziemlich flachen Gehäuses ist stark gebuchtet, die Schaale glänzend. Die obere Fläche stärker gewölbt als die untere, lässt fünf, durch radiale Nähte getrennte dreieckige Kammern, die untere Seite drei Umgänge erkennen, deren Kammern des letzten Umgangs durch vertiefte Nähte geschieden sind, während der mittlere Theil mehr glatt ist; die Mundfläche schmal. Häufig; 0,00 mm.

No. 355.

Tafel XX. Figur [illegible]

Der vorigen ähnlich, das Gehäuse glasig glänzend, gekielt, die seichten Nähte der oberen Fläche, gekrümmt, vereinigen sich in der Mitte nabelartig, letzte Kammer hervortretend. Häufig: 0,34 mm.

No. 356.

Tafel XX. Figur [illegible]

Gehäuse kreisförmig, oben stark gewölbt, der Rand nicht gebuchtet, mit schmalem Saum versehen. Die obere Seite lässt zwölf sehr gebogene glatte Kammern sehen, welche dicht mit Punkten besetzt sind; die flachen Nähte, glatt und ohne diese Punkte, entspringen aus einem im Centrum liegenden, vertieften Nabel und verbinden sich mit dem schmalen unpunktirten Randsaum. Die Form kommt rechts und links gewunden vor; die untere Fläche zeigt drei Umgänge, die Spiralnaht vertieft. Die Mundfläche steil abfallend. Häufig: 0,82 mm.

No. 357.

Tafel XXI. Figur 1, 2, 3.

Das flache, am gebuchteten Rande gekielte, kreisrunde Gehäuse ist glasig und mit Ausnahme der vertieften, gebogenen, radialen Nähte dicht mit Punkten besetzt. Die obere Fläche schwach gewölbt, lässt zwölf allmälig wachsende gewölbte Kammern sehen, deren Trennungsnähte aus dem vertieften Nabel entspringen und bis zum Rande verlaufen, den schmalen Saum einschnürend, die letzte Kammer erhoben. Die untere Seite zeigt die Kammern des letzten Umganges stark gebogen durch die fast tangentiale Richtung der Nähte, die inneren Umgänge sind mit groben Warzen dicht bedeckt und verdecken dieselben. Die steil abfallende Mundfläche lässt an ihrer Basis die halbmondförmige gewulstete Mündung, den Kiel des Saumes umfassend erkennen. Sehr häufig: 0,78 mm.

No. 358.

Tafel XXI. Figur 4, 5.

Der vorigen ähnlich, das Gehäuse ist jedoch nicht kreisrund, sondern durch das Wachsen der letzten Kammern länglich ausgedehnt. Nicht häufig: 0,48 mm.

No. 359.

Tafel XXIV. Figur 1, 2, 3.

Das glänzende, kreisförmige Gehäuse wird aus fünf Umgängen gebildet, von welchen der letzte, sechs längliche, durch schwach vertiefte Nähte geschiedene Kammern erkennen lässt; an der letzten derselben liegt am inneren Rande die spaltenförmige, schmale Mündung. Die Windungen finden sich bald rechts bald links gedreht. Häufig: 0,44 mm.

No. 360.

Tafel XXIV. Figur 4, 5, 6.

Der vorigen ähnlich, nur im unteren Theile kürzer, daher das Gehäuse mehr gedrungen erscheint. Häufig: 0,35 mm.

No. 361.

Tafel XXIV. Figur [illegible]

Der vorigen ähnlich, nur kleiner und noch mehr gedrungen. Selten; 0,22 mm.

No. 802.

Tafel XXIII. Figur [illegible].

Gehäuse stumpf kreiselförmig, die unteren Kammern im Verhältniss zu denen des letzten Umganges sehr klein; der letztere lässt nur drei kugelige Kammern erkennen. Die Mündung halbmondförmig liegt an dem Nabel. Selten; 0,30 mm.

No. 803.

Tafel XXIII. Figur [illegible].

Der vorigen ähnlich, nur spitz kreiselförmig, die letzten Kammern weniger verdickt. Selten; 0,25 mm.

No. 804.

Tafel XXIII. Figur [illegible].

Der vorigen ähnlich, jedoch sind die Kammern unregelmässig spiral gestellt und allmälig wachsend. Selten; 0,25 mm.

No. 805.

Tafel XXIII. Figur [illegible].

Gehäuse langkreiselförmig, die unteren drei Gewinde niedrig, das letzte hoch von länglichen Kammern gebildet; die letzte Kammer umfassend nimmt ein Drittel der Höhe des Gehäuses ein. Mündung an dem Nabel liegend klein, gewulstet, halbmondförmig. Sehr selten; 0,35 mm.

V. Rosalina d'Orb.

Vollkommen spiral, gewöhnlich niedergedrückt; die Windungen auf der Nabelseite meist ganz verdeckt, seltener theilweise im erweiterten Nabel hervortretend; auf der Spiralseite ganz oder theilweise blossliegend. Mündung am inneren Rande der letzten Kammer, auf die Unterseite des Gehäuses und in den Nabel auf die vorletzten Kammern sich fortsetzend.

No. 806.

Tafel XXI. Figur [illegible].

Gehäuse flach, wenig glänzend, gekielt, kreisrund, an der Mundfläche gerade abgestumpft. An der oberen Seite sechs dreieckige Kammern sichtbar, durch vertiefte, geradlinige, aus dem vertieften Nabel bis zur Peripherie verlaufende Nähte getrennt; an der unteren Seite sind drei Umgänge sichtbar; die die inneren Umgänge bezeichnenden, geradlinigen Nähte verlängern sich, tangential verlaufend, bis zur Peripherie, gleichsam Polygone darstellend; die einzelnen Kammern haben die Form von gleichschenkligen, stumpfen Dreiecken. Die Mundfläche ist wenig gewölbt. Nicht selten; 0,27 mm.

No. 807.

Tafel XXI. Figur [illegible].

Das glashelle, kreisförmige Gehäuse ist auf beiden, flach gewölbten Seiten mit Punkten versehen. Nabel und Nähte vertieft; letztere verlaufen an der oberen Fläche sternförmig zur gebuchteten Peripherie, sechs Kammern bildend; die untere Seite lässt mehrere Umgänge erkennen, deren Kammernähte sich ähnlich den Blättern der Rose aneinander lagern. Nicht selten; 0,29 mm.

No. 368.

Tafel XXII. Figur 1. 2. 3.

Das glänzende mit feinen Poren besetzte Gehäuse ist glatt und unregelmässig; die Anordnung der allmälig wachsenden Kammern ebenso. Der Rand ist gebuchtet, beide Seiten wenig und gleichmässig gewölbt, auf der unteren sind fünf fast gleich grosse Kammern sichtbar, deren Nähte radial verlaufen, Nabel vertieft; die Mündung gerundet, die letzte Kammer steht frei über den Rand. Sehr selten; 0,33 mm.

VI. Truncatulina d'Orb.

Gehäuse ungleichseitig, oft verbogen, entweder vollkommen spiral eingerollt oder mehr oder weniger unregelmässig mit regellos gehäuften oder aneinander gereihten Kammern. Spiralseite eben oder concav, alle Umgänge zeigend. Auf der Nabelseite der letzte Umgang fast stets vollkommen umfassend. Mündung eng, spaltenförmig, am inneren Rande der letzten Kammer sich auf die Spiralseite fortsetzend.

No. 369.

Tafel XXII. Figur 16. 17. 18.

Gehäuse länglich und rauh mit Punkten besetzt. Die letzte Kammer nach oben erhöht, daher das Gehäuse verbogen erscheint; die obere Seite zeigt gegen neun unregelmässig spiral gestellte Kammern, welche durch tiefe, tangentiale Nähte getrennt sind. Nabel vertieft; der scharfe Rand gesäumt und schwach gebuchtet. Die untere Seite ist flach, fast concav, lässt die Kammern des letzten Umganges deutlich erkennen, der mittlere ovale Theil verdeckt die inneren Umgänge. Nicht selten; 1,00 mm.

No. 370.

Tafel XXII. Figur 4. 5. 6.

Das kreisförmige Gehäuse ist rauh mit feinen Punkten besetzt; der Rand gerundet; auf der oberen Seite erheben sich die letzten Kammern hoch in gewundener Stellung; die Mündung halbmondförmig, nähert sich dabei dem Rande; die untere concave Seite lässt die Spirale schwach erkennen. Die Nähte undeutlich. Sehr selten; 0,35 mm.

VII. Anomalina d'Orb.

Wie vorher. Spiralseite theilweis flach gewölbt, daselbst ein Theil der inneren Umgänge durch den letzten verhüllt, während sie auf der Nabelseite ebenfalls theilweis blosliegen.

No. 371.

Tafel XXI. Figur 17. 18. 19.

Gehäuse kreisförmig, glatt, mit Punkten besetzt, letzte Kammer nach unten überstehend. Die obere Seite zeigt neun allmälig wachsende Kammern, welche durch vertiefte radiale Nähte getrennt sind. Nabel vertieft. Der scharfe Rand gesäumt und gebuchtet. Die untere flache, wenig concave Seite lässt die Spirale vollkommen erkennen. Mündung rund am inneren Rande der letzten Kammer. Selten; 0,52 mm.

No. 372.

Tafel XXI. Figur 17. 18. 19.

Das rauhe, mit groben Punkten besetzte, unregelmässig gebildete Gehäuse zeigt auf der oberen Seite neun ungleiche Kammern, welche durch vertiefte radiale Nähte getrennt sind; der Rand gebuchtet, der Nabel vertieft; die untere flache Seite lässt die Spirale wegen der Unregelmässigkeit der Kammern nicht deutlich erkennen. Die letzte Kammer nach unten sehr stark überstehend. Selten; 0,15 mm.

No. 373.

Tafel XXII. Figur

Das rauhe, mit Punkten besetzte flache dreieckige Gehäuse besteht aus einer Anzahl unregelmässig aneinander gehäufter Kammern; die obere Seite schwach gewölbt, lässt acht bis neun Kammern des letzten Umganges erkennen; die kleine halbmondförmige Mündung liegt am inneren Rande der letzten Kammer; die untere Seite ist flach, daher der Rand scharf hervortritt, die Spirale ist wegen der Rauhigkeit der Schaale nicht deutlich zu erkennen. Sehr selten; 0,33 mm.

No. 374.

Tafel XXII. Figur 14. 15. 16.

Gehäuse wenig glänzend ist niedergedrückt, fast eiförmig, in der Regel durch seinen dunklen Inhalt in der Schaalenbildung schwierig zu erkennen. Zwei Umgänge werden von sechs kugeligen Kammern gebildet, deren Nähte sehr vertieft sind; die letzte Kammer umfasst den ganzen oberen Theil und trägt die kleine gewulstete, halbmondförmige Mündung am inneren gerundeten Rande. Selten; 0,20 mm.

No. 375.

Tafel XXII. Figur 17. 18. 19.

Der vorigen ähnlich, nur kleiner und die Kammern nicht kugelig, daher die Schaale glatt erscheint, vielleicht eine Nonioninen- oder Haplophragmium-Form; die Schaale ist kalkig. Selten; 0,17 mm.

No. 876.

Tafel XXII. Figur 10, 11, 12, 13.

Gehäuse spitzeiförmig, glatt, glänzend. Zwei sich umfassende halbe Umgänge werden von sechs, durch seichte Nähte getrennte Kammern gebildet; jeder halbe Umgang hat die Form einer Marginuline. Mündung nicht erkennbar. Ziemlich selten; 0,28 mm.

VIII. Globigerina. d'Orb.

Gehäuse porös, kugelig, ungleichseitig, mehr oder weniger deutlich spiral; Kammern kugelig, regellos gehäuft; letzte Kammer gross. Mündung halbrund zunächst dem Nabel, bisweilen mehrfach.

No. 877.

Tafel XXII. Figur [illegible]

Gehäuse im Ganzen gerundet, fast kugelig, mit feinen Punkten bedeckt; die Anzahl der Kammern sehr veränderlich, daher sind die Formen so abweichend, dass kaum zwei gleiche Individuen vorkommen, trotz der Häufigkeit der Art; die Umgänge selbst sind wegen der sich verdeckenden oder übergreifenden kugeligen Kammern nicht scharf hervortretend; die letzte grösseste Kammer trägt die gewulstete Mündung, welche sich an den Nabel anlegt. Sehr häufig; 0,38 mm.

No. 878.

Tafel XXII. Figur [illegible]

Der vorigen ähnlich, jedoch ist die Gesammtform länglich. Mündung zweifelhaft. Selten; 0,32 mm.

IX. Uvigerina. d'Orb.

Gehäuse mehr oder weniger verlängert, Kammern ungleich, in einer ziemlich regelmässigen schraubenförmigen Spirale angeordnet. Mündung terminal, rund, auf der Spitze einer kurzen röhrenförmigen Verlängerung der letzten Kammer.

No. 879.

Tafel XXIII. Figur [illegible]

Das längliche walzenförmige Gehäuse verjüngt sich nach unten und ist aus zwei Reihen alternirenden, durch seichte, kaum erkennbare Nähte getrennte Kammern gebildet; die letzteren sind mit feinen Leisten geziert; die röhrige, runde Mündung befindet sich, schräg aufgesetzt auf der Mitte der grossen letzten Kammer. Sehr häufig; 0,45 mm.

No. 380.

Tafel XXII. Figur [illegible].

Der vorigen ähnlich, die Nähte der Kammern vertieft; die letzteren, ohne Leisten mit feinen Poren bedeckt, sind ziemlich stark gebaucht; die Mitte des Gehäuses dicker als die Enden. Die Mündung gross, gewulstet auf kurzem Hals. Nicht selten; 0,46 mm.

No. 381.

Tafel XXII. Figur [illegible].

Der in Figur 35 abgebildeten ähnlich, nur viel kleiner und kreiselförmig nach oben verdickt; die letzte Kammer glatt. Häufig; 0,30.

No. 382.

Tafel XXII. Figur [illegible].

Der vorigen ähnlich, jedoch ist die letzte Kammer gebogen, so dass die Mündung rechtwinklig zur Axe steht. Selten; 0,28 mm.

X. Bulimina d'Orb.

Gehäuse selten kurz, meistens verlängert, verkehrt-konisch oder thurmförmig; Kammern ungleich und unregelmässig zur deutlichen, schraubenförmigen Spirale aufgerollt. Mündung kommaförmig auf der inneren Seite der letzten Kammer herablaufend.

No. 383.

Tafel XXII. Figur [illegible].

Der untere Theil des Gehäuses läuft in stalaktitischen Spitzen aus und laufen über die, schnell sich verdickenden Kammern in zwei Umgängen, feine geriffelte Leisten, der obere Theil des konischen Gehäuses ist breit; es umfassen die oberen Kammern in feinen Zacken die darunter liegenden. Die letzte oben abgerundete Kammer ohne Leisten trägt seitwärts die schwach gewulstete geschlitzte Mündung. Selten; 0,30 mm.

No. 384.

Tafel XXIII. Figur [illegible].

Gehäuse glänzend, konisch. Die ersten Kammern klein und kugelig, die folgenden, schnell wachsenden, durch vertiefte Nähte geschiedenen, sind ungleich und lassen die steile Windung schwer erkennen. Der letzte, in der oberen Ansicht hervortretende Umgang zeigt vier ungleiche Kammern; die letzte grösseste derselben trägt die kommaförmige, ziemlich breite, mit parallelen Rändern begrenzte, bis zur Hälfte der Kammer hinaufragende Mündung, in fast rechtwinkliger Stellung zum inneren Rande der Kammer. Nicht selten und häufig variirend; 0,18 mm.

No. 385.

Tafel [illegible]. Figur [illegible].

Der vorigen ähnlich, die Schaale glatt mit seichten Nähten. Das Gehäuse kleiner, kürzer und gedrungener. Nicht selten; 0,30 mm.

No. 886.

Tafel XXIII. Figur 14, [illegible]

Gehäuse breiteiförmig und glänzend, gedrückt, der untere Theil kreisförmig gerundet, die Nähte seicht. Die Kammern länglich, mässig gewölbt. Durchschnitt oval, letzte Kammer sehr gross. Selten; 0,43 mm.

No. 887.

Tafel XXIII. Figur [illegible], 14, 15, 16, 17.

Das glänzende, langeiförmige, im Durchschnitt runde Gehäuse aus zwei, steil gestellten Spiralen bestehend, wird von länglichen, durch seichte Nähte quer getheilten Kammern gebildet. Mündung wie bei den vorhergehenden. Selten; 0,38 mm.

XI. GAUDRYINA D'ORB.

Gehäuse verlängert, gerade. Die untersten sehr kleinen Kammern zu einem kleinen, schraubenförmigen, gerundeten oder dreikantigen Gewinde aufgerollt; die übrigen in zwei geraden, parallelen, alternirenden Längsreihen geordnet. Mündung spaltenförmig am inneren Rande der letzten Kammer, bisweilen gegen die Mitte derselben hinaufrückend, mitunter gelippt oder kurz röhrenförmig.

No. 888.

Tafel XXIV. Figur [illegible]

Das kegelförmige, im Querdurchschnitt dreiseitige, an den Kanten abgerundete, sandsteinartige Gehäuse lässt die Anzahl der Umgänge wegen der rauhen Oberfläche und der kaum sichtbaren Nähte schwer erkennen; der untere Theil zugespitzt. Der obere Theil zu zwei Drittel der Höhe verbreitert. Die letzte Kammer, flach gewölbt, trägt nahe dem inneren Rande die spaltenförmige Mündung. Selten; 0,84 mm.

No. 889.

Tafel XXIV. Figur [illegible]

Das zapfenförmige, im Querschnitt runde, am unteren Ende stumpf zugespitzte, sandsteinartige Gehäuse lässt die Umgänge schwer erkennen; der obere Theil zur Hälfte der Höhe verbreitert; die letzte, flach gewölbte Kammer trägt in nabelartiger Vertiefung die schmale Mündung in der Berührung mit der vorletzten Kammer; im Uebrigen wie bei der vorigen. Ziemlich selten; 0,85 mm.

Es scheint als ob die Grössenverhältnisse dieser Art sehr wandelbar seien, denn es ist unter Andern ein am unteren Ende zerbrochenes Exemplar gesammelt, welches bei einer Dicke von 1,20 mm. eine Länge von 3 mm. hat.

No. 890.

Tafel XXIV. Figur [illegible]

Der vorigen ähnlich, nur am unteren Theile scharf zugespitzt, puppenförmig. Die letzte stark gewölbte Kammer zeigt auf einer wulstigen, fast röhrigen Erhöhung die ovale Mündung. Sehr selten; 1,30 mm.

No. 391.

Tafel XXIV. Figur [illegible].

Das langgezogene, walzenförmige, nach unten wenig verschmälerte, sandige Gehäuse ist am unteren Ende abgerundet, seitlich schwach zusammengedrückt; es sind acht Umgänge an der seitlichen Ausbauchung der Kammern zu erkennen, welche nach Art der Koalloutagier zweireihig alternirend angeordnet liegen; die Nähte vertieft; die letzte fast kugelige, schräg liegende Kammer trägt auf ihrer Spitze die wulstige röhrige Mündung. Ziemlich häufig; 1,15 mm.

No. 392.

Tafel XXIV. Figur [illegible].

Der vorigen ähnlich, nur weniger zusammengedrückt und sind die letzten Umgänge rechtwinklig zur Axe gebogen, vielleicht eine Zwillingsverwachsung der vorigen. Selten.

No. 393.

Tafel XXIV. Figur [illegible].

Die rauhe Schaale lässt die Umgänge, Kammern und Nähte kaum erkennen; es unterscheidet sich diese Form von den vorigen durch ihre nach oben breiter werdende Ausdehnung und untere Zuspitzung. Selten; 0,20 mm.

Vierte Ordnung.

ENALLOSTEGIA d'Orbigny.

Kammern ganz oder theilweis in abwechselnder Reihenfolge, auf zwei oder drei deutlich erkennbaren Axen zusammengefügt, ohne eine vollkommene Spirale zu bilden.

A. POLYMORPHINIDEA d'Orb., Reuss.

Gehäuse glasig, glänzend, sehr fein porös, stets ungleichseitig, meistens unregelmässig spiral. Kammern sehr wechselnd in Grösse und Form, oft mehr oder weniger umfassend, bald zur deutlichen, bald zur undeutlichen Spirale eingerollt, bald unvollkommen zweizeilig angeordnet, bald kugelig zusammengeballt. Kammerhöhlungen einfach. Mündung terminal rund oder lateral spaltenförmig.

Die Schwierigkeit einer scharfen Bezeichnung für die Gattungen in dieser Gruppe der Foraminiferen ergiebt sich schon aus der vorstehenden Characteristik und es treten hierbei, ebenso wie bei der vorhergehenden Gruppe der Cristellarien, überall Uebergangsstufen auf, welche ihre Unterbringung in die eine oder die andere Classe zweifelhaft lassen.

I. ATRACTOLINA v. Schlicht.

Gehäuse glasig, glänzend, spindelförmig, im Querschnitt rund. Kammern im oberen Theile nach Art der Marginulinen gebildet, im unteren Theile niemals spiral eingerollt. Nähte linear, schräg zur Hauptaxe; Mündung terminal, rund, häufig entosolenienartig entwickelt.

No. 394.

Tafel XXV. Figur 3, 4.

Das Gehäuse einer ganz ähnlichen Form wurde bereits auf Tafel VI. Figur 10 abgebildet und unter den Glandulinen beschrieben, auch wurde unter No. 100 im Texte angedeutet, dass diese

Formen als Uebergänge zu den Enallostegiern zu erachten seien, wie die folgenden Arten näher ergeben. Das spindelförmige, glänzende Gehäuse ist aus fünf ungleichen Kammern gebildet, deren lineare Nähte zur Hauptaxe stets schräg gestellt sind. Die erste, in einem feinen Stachel endigende Kammer ist sehr klein; die letzte Kammer am dicksten und fast die Hälfte der Schaale einnehmend, trägt einen glashellen konischen Aufsatz, in welchen, von der Spitze der gestrahlten Mündung aus, gewöhnlich ein Schlauch ins Innere der Schaale sich hinabzieht. Nicht selten; 0,52 mm., 0,15 mm.

No. 395.

Tafel XXV. Figur 3, 4.

Der vorigen ähnlich, nur aus zwei Kammern gebildet, mehr walzenförmig, von welchen die erste, scharf zugespitzte schräg stehende Kammer fast bis zur Hälfte der Schaale hinaufreicht. Nicht selten; 0,37 mm., 0,12 mm.

No. 396.

Tafel XXV. Figur 5, 6, 7, 8.

Der vorigen ähnlich, im mittleren Theile vollkommen walzenförmig, die schräge Naht der ersten Kammer berührt an der Vorderseite die schräge Naht der zweiten Kammer, während die folgende Naht der beiden letzten Kammern nach Art der Marginulinen fast parallel zur vorhergehenden steht. Nicht selten; 0,52 mm., 0,15 mm.

No. 397.

Tafel XXV. Figur 9, 10.

Gehäuse vollständig spindelförmig, oben wie unten gleichmässig zugespitzt, am unteren Ende ohne Stachel, die ersten Kammern klein, die letzte nimmt drei Viertel der Höhe des Gehäuses ein. Nicht selten; 0,40 mm., 0,15 mm.

No. 398.

Tafel XXV. Figur 11, 12.

Der vorigen ähnlich, das Gehäuse walzenförmig, am unteren Ende abgerundet, die Kammern alternirend. Selten; 0,53 mm., 0,21 mm.

No. 399.

Tafel XXV. Figur 13, 14.

Das, nur aus zwei Kammern gebildete glänzende nicht spindelförmige Gehäuse entspricht in der Vorderansicht einer zweikammerigen Glandulinenform; die schräge Naht der Seitenansicht würde diese Form zu den Marginulinen versetzen, wenn nicht der untere Theil des Gehäuses, allerdings nur undeutlich die Anlage als Polymorphine erkennen liesse; derselbe ist schmäler als der obere und hat eine nach vorn geneigte Lage gegen die Axe; die obere herzförmige Kammer, breit gewölbt, trägt einen kurz zugespitzten Aufsatz mit runder gestrahlter Mündung. Sehr selten; 0,37 mm.

No. 400.

Tafel XXV. Figur 15, 16.

Das walzenförmige, nur von zwei Kammern gebildete glänzende Gehäuse bildet ebenfalls eine Uebergangsform von den Nodosarien zu den Polymorphinen, wie eine ähnliche Form schon zu Tafel X. Figur 9 und 10 beschrieben ist; die schräg liegende Naht lässt jedoch die vorliegende Art als Polymorphine erkennen; die obere Kammer spitz auslaufend, neigt sich mit der fein gestrahlten Mündung etwas zur Seite. Ziemlich selten; 0,32 mm.

II. Chilostomella Reuss.

Quer elliptisch oder eiförmig. Die Kammern in zwei neben einander liegenden Reihen alternirend; alle Kammern jeder Reihe sich vollkommen umfassend; nur die letzten zwei äusserlich sichtbar. Die Mundspalte senkrecht auf dem Längsdurchmesser des Gehäuses stehend.

No. 401.

Tafel XXV. Figur [illegible].

Das glänzende, fein punktirte, fast cylinderförmige, an beiden Enden gerundete Gehäuse lässt zwei Kammern deutlich erkennen, welche auf jeder Seite drei Viertel der Höhe einnehmen. Die mit einem Saum eingefasste Mündung umfasst die Hälfte der vorletzten Kammer; der freiliegende Theil der letzteren lässt auf der Rückenseite die gebogenen inneren Nähte durchscheinend erkennen. Die Breite zur Länge wie 1 : 2. Häufig; 0,70 mm.

No. 402.

Tafel XXV. Figur [illegible].

Der vorigen ähnlich; die Mündung umfasst nur ein Viertel der vorletzten Kammer; letztere ist am freiliegenden Theil gebaucht und geneigt zur Mündung, daher das ganze Gehäuse mehr eiförmig erscheint. Häufig; 0,70 mm.

No. 403.

Tafel XXV. Figur [illegible].

Der vorigen ähnlich, die glasige, spitzeiförmige Schaale ist mit gröberen Poren bedeckt, die vorletzte Kammer nur wenig die Mündung überragend. Sehr häufig; 0,60 mm.

No. 404.

Tafel XXV. Figur [illegible].

Der, unter No. 402 beschriebenen ähnlich, nur viel kleiner. Mündung sehr klein. Nicht häufig; 0,35 mm.

No. 405.

Tafel XXV. Figur [illegible].

Das cylindrische, an beiden Enden zugespitzte Gehäuse ist viel schmäler als das der vorhergehenden Formen, denen es im Uebrigen gleich kommt. Selten; 0,43 mm.

No. 406.

Tafel XXV. Figur [illegible].

Der vorigen ähnlich; unter allen Chilostomellen die kleinste Form. Sehr selten; 0,24 mm.

No. 407.

Tafel XXV. Figur [illegible].

Gehäuse eiförmig, niedrig, fein punktirt; die vorletzte Kammer ragt nur sehr wenig über die Mündung hervor, beide Kammern gegeneinander stärker geneigt, als bei den vorhergehenden. Sehr selten; 0,44 mm.

III. Rostrolina v. Schlicht.

Gehäuse langei- oder auch birnförmig, glänzend, glatt, Kammern zweizeilig spiral mit zwiebelartiger Schaalenstructur, durch seichte Nähte getrennt, unterscheidet sich von anderen Polymorphinen durch die querspaltige Mündung und die nach vorn oft weit und scharf hervorragende schnabelförmige Zuspitzung der Schaale der letzten Kammer; von der Gattung Pyrulina d'Orb. ist diese Form durch das Ueberragen der Schaale der letzten Kammer, wobei eine gebogene Quer-Spalte als Mundöffnung entsteht, unterschieden, die Mündung selbst befindet sich an der inneren Seite der überragenden Spitze, gebildet durch einen, selten mehrere neben einander liegende, gewulstete, sehr feine, vertical gestellte Schlitze Tafel XXVI. Figur 4, oder in gerundeter Spalte Figur 12.

No. 408.

Tafel XXVI. Figur 4, 5, 6.

Gehäuse langeiförmig, fast breitspindelförmig, unten gerundet, wenig gedrückt; die ersten Kammern klein, die folgenden schnell wachsend, die letzte nimmt fast drei Viertel der Schaalenoberfläche ein, ihr oberes Ende, in scharfer Spitze nach vorn gebogen, eine kleine Querspalte bildend, zeigt an der inneren Fläche drei, feine gewulstete, verticale Schlitze als Mündung, wie die Detailzeichnung Figur 4 im Maassstab von 58:1 dies angiebt. Die äussere sehr feine Schaale lässt in zerbrochenen Exemplaren die zwiebelartige Structur erkennen. Ziemlich selten; 0,90 mm.

No. 409.

Tafel XXVI. Figur 1, 2, 3.

Der vorigen ähnlich, jedoch viel kleiner, mit weit überragender Schnabelspitze der letzten Kammer, vielleicht eine Jugendform. Die Mündung besteht aus einem verticalen feinen Schlitze. Selten; 0,60 mm.

No. 410.

Tafel XXVI. Figur 7, 8, 9.

Gehäuse langeiförmig, am unteren Ende mit einem knopfartigen Ansatz versehen. Das obere Ende der Schaale der letzten Kammer nur wenig nach vorn gebogen, halbschildförmig den vorderen Theil überragend, cfr. die im vergrösserten Maassstabe angegebene Detailzeichnung bei Figur 8; nur drei Kammern, von welchen die letzte fast drei Viertel der Höhe einnimmt. Ziemlich selten; 1,05 mm.

No. 411.

Tafel XXVI. Figur 10, 11, 12.

Der vorigen ähnlich, Gehäuse birnförmig, Mündung gebogene Spalte. Sehr selten; 0,80 mm.

No. 412.

Tafel XXVI. Figur 13, 14, 15.

Gehäuse unregelmässig, gedrückt, am unteren Ende gerundet, die drei Kammern allmälig wachsend, die Mündung der letzten Kammer lippenförmig im Querspalt, vorspringend, wenig erhöht. Sehr selten; 0,88 mm.

No. 413.

Tafel XXVI. Figur [illegible].

Gehäuse aus zwei Kammern gebildet, von welchen die breiteiförmige obere, mehr als drei Viertel der Oberfläche der Schaale einnimmt, die untere überwallt; die schräge Naht scharf abgegrenzt, die erste Kammer unten gerandet. Querschnitt der letzten Kammer kreisförmig, die Mündung eine gerundete Spalte ohne Vorsprung. Sehr selten; 0,50 mm.

No. 414.

Tafel XXVI. Figur [illegible].

Der vorigen ähnlich, viel kleiner, die untere Kammer mit abgerundeter Spitze nach vorn vorstehend. Selten; 0,32 mm.

No. 415.

Tafel XXVI. Figur [illegible].

Gehäuse oval, gedrückt, aus zwei gleich grossen Kammern gebildet, deren Naht an beiden Enden bis zu einem Drittel der Höhe abschneidet. Mündung wenig erhobet, eine feine Spalte bildend. Ziemlich selten; 0,58 mm.

No. 416.

Tafel XXV. Figur [illegible].

Gehäuse oval, die Embryonalkammer sehr klein knopfartig; zwei Kammern, von welchen die kleinere seitlich anliegt und bis zu zwei Dritteln der Höhe sich ausdehnt; die letzte Kammer reicht von der Spitze bis zur Embryonalkammer herab. Mündung auf einem kleinen Absatz in feiner Spalte. Sehr selten; 0,30 mm.

IV. DIMORPHINA D'ORB.

In der Jugend eine kleine Guttuline mit sehr undeutlichem Gewinde, später sich streckend, mit in einfacher Reihe über einander liegenden Kammern, mit bald horizontalen, bald schrägen Nähten und bald centraler, bald excentrischer, terminaler, runder Mündung. Der obere Theil stellt daher eine Dentaline dar.

No. 417.

Tafel XXVI. Figur [illegible].

Gehäuse glänzend, glatt, aus vier allmälig wachsenden Kammern gebildet, von welchen die letzte eiförmige Kammer die Hälfte der Schaale einnimmt. Nähte schräg liegend, seicht. Die gestrahlte runde Mündung befindet sich auf einer kleinen Erhöhung. Ziemlich selten; 0,62 mm.

No. 418.

Tafel XXVI. Figur [illegible].

Der vorigen ähnlich, Gehäuse aufgeblasen, gedrückt, aus zwei gleich grossen Kammern gebildet; am untern Ende ein knopfartiger Ansatz. Sehr selten; 0,65 mm.

No. 419.

Tafel XXX. Figur [illegible]

Gehäuse glasglänzend, die obere Kammer kugelig aufgeblasen und übergreifend drei Viertel der Schale einnehmend, der untere Theil vorspringend. Mündung gestrahlt auf kleiner Erhöhung. Sehr selten; 0,42 mm.

No. 420.

Tafel XXII. Figur [illegible]

Der vorigen ähnlich, letzte Kammer eiförmig, geneigt, die Hälfte der Schale einnehmend. Die Mündung auf erhöhtem Abeatze. Sehr selten; 0,50 mm.

No. 421.

Tafel XXVII. Figur [illegible]

Gehäuse wenig glänzend, in der Vorderansicht spindel-, seitwärts tropfenförmig, wenig gedrückt, aus vier Kammern gebildet, von welchen die beiden unteren alternirend gestellt sind; die vorletzte Kammer, an der Rückseite convex, an der vorderen concav, nimmt mehr als die Hälfte der Oberfläche ein; die letzte Kammer kegelförmig angespitzt auf schräger Basis trägt die fein gestrahlte Mündung. Sehr selten; 0,01 mm.

V. PYRULINA D'ORB.

Gehäuse birn- oder spindelförmig. Kammern enge an einander schliessend, sich dachziegelförmig deckend, eine regelmässige Spirale bildend. Nähte undeutlich, linear; die letzte Kammer oben zugespitzt.

No. 422.

Tafel XXV. Figur [illegible]

Gehäuse glänzend, birnförmig, am unteren gerundeten Theile ein kropfartiger Ansatz, der obere Theil in eine sehr scharfe Spitze verlaufend. Die letzte Kammer bis zur Basis gesenkt, die schräge Naht derselben kaum erkennbar, die Schale glatt, im Durchschnitt kreisförmig. Sehr selten; 0,08 mm.

No. 423.

Tafel XXVII. Figur [illegible]

Gehäuse birnförmig, glänzend glatt, am unteren Theil gerundet, am oberen Theil spitz, aus drei Kammern bestehend, von welchen die letzte fast bis zur Basis herabgeht. Durchschnitt oval. Sehr selten; 0,14 mm.

No. 424.

Tafel XXV. Figur [illegible]

Der vorigen ähnlich, nur mehr gedrückt, aus zwei Kammern gebildet. Sehr selten; 0,3[illegible] mm.

VI. Globulina d'Orb.

Gehäuse kurz, sehr selten verlängert, oft kugelig. Kammern nach oben und unten umfassend, nur die letzten drei äusserlich sichtbar. Die letzte ohne oder mit sehr kurzer Spitze.

No. 425.

Tafel XXVI. Figur 31, 32, 33, 34.

Das Gehäuse glänzend, glatt, kugelig, wird von zwei Kammern gebildet und ist als Uebergangsform von den Dimorphinen zu den Globulinen zu erachten; der Character der Form entspricht indessen gänzlich dem der letzteren; die letzte Kammer nimmt zwei Drittel der Oberfläche ein, die Naht seicht, kaum erkennbar. Die Mündung wenig erhaben, zeigt einen Strahlenkranz, in dessen Mitte ein Kreis feiner Punkte sich befindet, Figur 34. Die Mündung der ersten Kammer sich glatt anlegend, ist gewöhnlich ebenfalls sichtbar, Figur 32. Ziemlich selten; 0,24 mm.

No. 426.

Tafel XXVI. Figur 35, 36.

Das glänzende, längliche, unten gerundete Gehäuse besteht ebenfalls nur aus zwei Kammern, von welchen die obere drei Viertel der Oberfläche einnimmt; vielleicht eine Jugendform der vorhergehenden. Selten; 0,20 mm.

No. 427.

Tafel XXVII. Figur 1, 2, 3.

Gehäuse glänzend glatt, fast glasig, eiförmig, unten gleichmässig gerundet, im Querschnitt breit elliptisch. Nähte deutlich sichtbar, linear, nicht vertieft, aus drei fast gleich grossen Kammern gebildet; Mündung gestrahlt, wenig zugespitzt. Häufig; 1,10 mm.

No. 428.

Tafel XXVII. Figur 4, 5, 6.

Gehäuse glänzend, spitzei- fast birnförmig, unten gleichmässig gerundet, im Querschnitt fast kreisförmig, im Uebrigen mit der vorigen übereinstimmend. Häufig; 1,00 mm.

No. 429.

Tafel XXVII. Figur 7, 8, 9.

Gehäuse schiefelförmig, glänzend, unten gerundet, Querschnitt elliptisch; die gestrahlte Mündung etwas nach vorn geneigt; im Uebrigen wie bei den vorhergehenden. Häufig; 0,08 mm.

No. 430.

Tafel XXVII. Figur 10, 11, 12.

Gehäuse langei- fast walzenförmig, unten gerundet, nach oben durch Ausbauchung der letzten Kammer dicker als unten; Querschnitt schwach elliptisch, fast kreisförmig. Die Mündung erhöht, sehr fein gestrahlt. Nähte wie vorher. Selten; 0,85 mm.

No. 431.

Tafel XXVII. Figur 13, 14, 15.

Gehäuse glasig glänzend, kugelförmig. Die Mündung etwas erhöht, gestrahlt, im Uebrigen wie vorher. Häufig; 0,25 mm.

No. 432.

Tafel XXVII. Figur [illegible].

Gehäuse spindelförmig, oben und unten gleichförmig zugespitzt, Querschnitt oval, die letzte Kammer geht bis zwei Drittel nach unten. Uebergangsform zu den Guttulinen. Mündung zugespitzt, gestrahlt. Häufig; 0,73 mm.

VII. Guttulina d'Orb.

Gehäuse mehr oder weniger verlängert; Kammern besonders nach oben ausgedehnt und umfassend, sehr ungleich, unregelmässig spiral angeordnet; fünf oder mehr Kammern äusserlich sichtbar.

No. 433.

Tafel XXVII. Figur [illegible].

Gehäuse spitzeiförmig, am unteren breiten Ende mit einem kurzen Stachel versehen, oben wenig schmaler werdend, im Durchschnitt kreisförmig, aus vier sich umfassenden, länglichen Kammern gebildet. Die Nähte kaum erkennbar. Schaale glänzend und glatt, die letzte Kammer schräg liegend, läuft zur gestrahlten Mündung spitz aus. Nicht selten; 1,28 mm.

No. 434.

Tafel XXVIII. Figur 1, 2, 3, 4, 5.

Das Gehäuse ist nicht glänzend, ungleichseitig langeiförmig, aufgeblasen im oberen Theile, unten gerundet, Durchschnitt elliptisch, aus vier Kammern bestehend, deren Anordnung gleich der vorigen ist. Die letzte stark gebauchte Kammer läuft in eine scharfe Spitze aus und trägt die sehr fein gestrahlte Mündung. Schaale glatt. Selten; 1,23 mm.

No. 435.

Tafel XXVII. Figur [illegible].

Gehäuse dickeiförmig, fast kugelig, unten breit gerundet, glänzend. Die länglichen Kammern stark gewölbt, die Nähte vertieft, aus fünf Kammern gebildet; der Durchschnitt lässt drei kugelige Kammern mit starker Einschnürung der Nähte erkennen. Die Mündung auf kleiner Erhöhung gestrahlt. Häufig; 1,05 mm.

No. 436.

Tafel XXVII. Figur [illegible].

Gehäuse dickeiförmig, platt gedrückt, unten breit gerundet, glänzend. Durchschnitt lang oval; Nähte vertieft, Mündung gestrahlt. Die schräg liegenden Kammern langeiförmig. Nicht selten; 0,67 mm.

No. 437.

Tafel XXVII. Figur [illegible].

Gehäuse glänzend, unförmlich, schiefeiförmig; die drei obersten Kammern liegen wie bei den Dimorphinen in einer Richtung über einander, die gestrahlten Mündungen frei liegend, die ersten beiden stark gebauchten Kammern liegen seitwärts am unteren Ende. Nähte vertieft. Selten; 0,71 mm.

No. 438.

Tafel XXVIII. Figur 6, 7, 8, 9, 10.

Gehäuse wenig glänzend, dickeiförmig, oben breiter als unten; aus fünf, allmälig wachsenden Kammern gebildet, unten gerundet; im Durchschnitt sind die drei letzten, regelmässig vertheilten kugeligen Kammern zu erkennen. Nähte wenig vertieft. Die gestrahlte Mündung der beiden letzten Kammern sichtbar. Häufig; 1,18 mm.

No. 439.

Tafel XXVIII. Figur 16, 17, 18, 19, 20.

Gehäuse nicht glänzend, langeiförmig, nach oben zugespitzt, unten gerundet mit kleiner Zuspitzung, glatt. Die Nähte seicht, schwer erkennbar; Gehäuse von fünf allmälig wachsenden Kammern gebildet. Durchschnitt kreisförmig, lässt die drei obersten regulär vertheilten Kammern erkennen, die gestrahlte Mündung der beiden letzten Kammern sichtbar. Sehr selten; 1,51 mm.

No. 440.

Tafel XXVIII. Figur 21, 22, 23, 24, 25.

Gehäuse wenig glänzend, glatt, walzenförmig, an beiden Enden gerundet, in der Mitte eingeschnürt. Nähte kaum erkennbar; Gehäuse von sieben allmälig wachsenden Kammern gebildet. Durchschnitt beinahe kreisförmig, nur die letzten zwei Kammern sichtbar, weil dieselben am stärksten ausgebildet sind. Mündung stumpf aufgesetzt, klein. Sehr selten; 1,37 mm.

No. 441.

Tafel XXIX. Figur 1, 2, 3, 4, 5.

Gehäuse glänzend, dickeiförmig, ungleichseitig, mehr breit als dick, daher der Durchschnitt der Kammern und des Gehäuses oval, am unteren Ende gerundet; Gehäuse aus vier Kammern gebildet, die Mündung gestrahlt, auf kleiner Erhöhung, in den beiden letzten Kammern sichtbar. Die Nähte vertieft. Selten; 0,91 mm.

No. 442.

Tafel XXVIII. Figur 11, 12, 13, 14, 15.

Das längliche, fast walzenförmige, glänzende Gehäuse ist unten gerundet, oben spitz zulaufend mit der sternförmig gestrahlten Mündung; der Durchschnitt lässt nur die beiden obersten ausgebauchten Kammern erkennen. Die fünf Kammern allmälig nach oben wachsend. Nähte seicht, in der Mitte der Schaale etwas einschnürend. Nicht selten; 1,19 mm.

No. 443.

Tafel XXIX. Figur 6, 7, 8, 9, 10.

Das Gehäuse glänzend, schief langeiförmig, in der Mitte tief eingeschnürt; die letzte Kammer schief gestellt zur vorhergehenden, spitzt sich allmälig zur sternförmig gestrahlten Mündung zu. Die Nähte der unteren Kammern seicht, daher die letzteren glatt erscheinen. Der untere Theil gerundet. Der Querschnitt fast kreisförmig. Ziemlich selten; 1,12 mm.

No. 444.

Tafel XXIX. Figur 13, 14.

Der vorigen Art ähnlich, nur viel kleiner; vielleicht deren Jugendform. Selten; 0,44 mm.

No. 445.

Tafel XXX. Figur [illegible]

Gehäuse glänzend und glatt, dickeiförmig, unten gerundet. Querschnitt kreisförmig. Kammern allmälig wachsend, letzte Kammer die Hälfte der Oberfläche einnehmend. Nähte flach, schwer erkennbar. Mündung wenig erhoben, gestrahlt. Selten; 0,76 mm.

No. 446.

Tafel XXX. Figur [illegible]

Gehäuse nicht glänzend, langeiförmig, unten zugespitzt, Durchschnitt breit oval. Fünf Kammern länglich in spiraler Stellung, durch flache Nähte im unteren, durch seichte Nähte im oberen Theile getrennt. Die gestrahlte, ovale Mündung steht auf einer kleinen Erhöhung; die oberen Kammern von gleicher Grösse. Sehr selten; 0,92 mm.

No. 447.

Tafel XXX. Figur [illegible]

Gehäuse glänzend, eiförmig, oben zugespitzt, unten gerundet, alle Nähte vertieft, die länglichen Kammern stark gerundet. Mündung gestrahlt, die drei letzten Kammern hängen tropfenartig von dem oberen Theile der Schaale neben einander liegend herab. Durchschnitt kreisförmig. Selten; 0,70 mm.

No. 448.

Tafel XXX. Figur [illegible]

Gehäuse glänzend, die letzte Kammer nimmt mehr als die Hälfte des Gehäuses ein, dieselbe ist eiförmig, im unteren Theile aufgeblasen und ragt daher über die unteren Kammern stark hervor, letztere legen sich tropfenförmig an die oberen an; Nähte vertieft; in der Vorderansicht gleichseitig langeiförmig, in der Seitenansicht unregelmässig; im Durchschnitt elliptisch. Mündung gestrahlt. Selten; 0,65 mm.

No. 449.

Tafel XXX. Figur [illegible]

Gehäuse glänzend, im unteren Theile glatt, fast walzenförmig, an beiden Enden zugespitzt, die beiden letzten Kammern sehr gross. Die letzte Kammer mit feinen punktartigen Leisten besetzt (in der Zeichnung nicht angegeben), ist aufgestülpt und an der Vorderseite nicht geschlossen, Figur 35. Nähte der oberen Kammern seicht. Die Mündung stark erhoben, zeigt an der Vorderseite zwei Reihen punktirter feiner Leisten. Sehr selten; 0,43 mm. Der Maassstab ist 58 : 1.

No. 450.

Tafel XXX. Figur [illegible]

Gehäuse wenig glänzend, gedrückt, unten gerundet, unregelmässig; Nähte vertieft, Kammern gebaucht. Querschnitt elliptisch, die vorletzten Kammern legen ihre Mündungen hoch hinauf und haben gleiche Grösse, die untere kleinere Kammer theilweis verdeckend. Mündung flach und gestrahlt. Selten; 0,60 mm.

No. 451.

Tafel XXX. Figur [illegible]

Gehäuse wenig glänzend, länglich, unregelmässig, unten gerundet. Nähte sehr vertieft. Kammern gebaucht, Querschnitt dreieckig mit abgerundeten Ecken. Die letzte oben abgestumpfte, im Durchschnitt dreieckige Kammer senkt sich mit dem vorderen Theile bis über die Hälfte der Schale hinab, an den Seiten von den vorhergehenden Kammern umfasst, welche zapfenförmig herunterhangen und die ersten Kammern überdecken, ihre gestrahlten Mündungen legen sich hervorstehend an die späteren Kammern an. Die Mündung der letzten Kammer wenig erhoben, ist gestrahlt. Sehr selten; 0,71 mm.

No. 452.

Tafel XXX. Figur [illegible]

Gehäuse glänzend, unregelmässig, unten gerundet, die Nähte wenig vertieft, Querschnitt des Gehäuses wie auch der letzten Kammer mehr kreisförmig, im Uebrigen ähnlich der vorhergehenden. Selten; 0,69 mm.

No. 453.

Tafel XXX. Figur [illegible]

Gehäuse glänzend, von acht länglichen Kammern gebildet, welche tropfenartig in unregelmässiger Spirale von oben nach unten allmälig kleiner werdend sich an einander legen; unten gerundet, oben zugespitzt; jede Kammer steht von der anderen ab, daher die Nähte tief eingesenkt erscheinen; an den letzten Kammern liegen die gestrahlten Mündungen frei, nur mit der Unterseite anliegend. Die letzte langeiförmige Kammer liegt schief zur Axe und trägt auf einer Erhöhung die gestrahlte Mündung. Nicht selten; 1,33 mm.

No. 454.

Tafel XXX. Figur [illegible]

Der vorigen ähnlich, nur kleiner und am unteren Ende schlauchartig auslaufend, die oberen Kammern breiter ausgebaucht. Nicht selten; 0,78 mm.

No. 455.

Tafel XXX. Figur [illegible]

Gehäuse wenig glänzend, glatt, die länglichen Kammern liegen glatt an einander, ihre Anordnung ist unvollkommen zweizeilig; es bildet daher diese Art eine Uebergangsform von den vorhergehenden Guttulinen (mit welcher sie im Uebrigen ähnlich ist) zu den eigentlichen Polymorphinen. Selten; 0,82 mm.

No. 456.

Tafel XXIV. Figur [illegible]

Gehäuse glänzend, glatt, beutelförmig, im Durchschnitt elliptisch; drei sichtbare Kammern, von welchen die beiden letzten bis zur Basis reichen und die ältere vorspringende Kammer umspannen, am unteren Theile breit gerundet, die Mündung auf einer zapfenartigen Erhöhung neigt sich nach vorn zu. Die Nähte seicht. Ziemlich selten; 0,52 mm.

No. 457.

Tafel XXIX. Figur [illegible]

Der untere eiförmig gerundete Theil ist der vorigen ähnlich, anstatt der zapfenartigen Erhöhung sitzt eine kugelige oder kugeliförmige Kammer auf, an deren Basis die Mündungen der unteren Kammern anliegen und daselbst eine Einschnürung zeigen. Die Mündung sitzt auf einer röhrenartigen Verlängerung der obersten Kammer. Nähte glatt. Ziemlich selten; 0,58 mm.

No. 458.

Tafel XXIX. Figur [illegible].

Gehäuse der vorigen ähnlich, nur schlanker und anstatt der aufsitzenden kugeligen sitzt eine lang tropfenartige, am oberen Ende gekrümmte Kammer auf, die Einschnürung an deren Basis ist sehr stark. Selten; 0,52 mm.

No. 459.

Tafel XXIX. Figur [illegible].

Gehäuse glänzend, die zwei letzten Kammern hängen tropfenartig herab, zwischen ihnen liegt die langspindelförmige vorhergehende, mit der am unteren Ende in scharfer Spitze endigende Embryonalkammer. Die Nähte vertieft. Der Durchschnitt dreieckig gleich-schenklig, mit abgerundeten Ecken. Die gestrahlten Mündungen der drei letzten Kammern frei liegend, die der letzten Kammer spitz zulaufend. Häufig; 0,70 mm.

No. 460.

Tafel XXIX. Figur [illegible].

Der vorigen ähnlich, jedoch liegen die Kammern mehr gegen einander geneigt, unregelmässig angeordnet. Nicht selten; 0,70 mm.

No. 461.

Tafel XXIX. Figur [illegible].

Der vorigen ähnlich, jedoch erhebt sich die Mündung der vorletzten sehr kleinen Kammer über die der letzten sehr grossen bis zur Basis hinabreichenden, so dass zwei zugespitzte Mündungen fast neben einander liegen. Selten; 0,55 mm.

No. 462.

Tafel XXIX. Figur [illegible].

Gehäuse wenig glänzend, spindelförmig, an beiden Enden zugespitzt, die vorletzte Kammer seitwärts stark gebaucht, nimmt den grössten Theil der Oberfläche ein. Nähte vertieft. Querschnitt elliptisch. Mündung gestrahlt. Die Embryonalkammer in scharfer Spitze anlaufend. Selten; 0,50 mm.

No. 463.

Tafel XXIX. Figur [illegible].

Gehäuse glänzend glatt, beutelförmig, am unteren Ende gerundet mit scharf vorstehender Spitze der Embryonalkammer; von den beiden letzten fast gleich grossen Kammern umspannt. Selten; 0,45 mm.

No. 464.

Tafel XXIX. Figur [illegible].

Aehnlich der vorhergehenden, nur viel kleiner, am unteren Ende gerundet. Selten; 0,33 mm.

No. 465.

Tafel XXX. Figur [illegible].

Gehäuse glänzend, cylinderförmig, unten gerundet, nodosarienähnlich, mit fünf jedoch alternirenden, fast gleich grossen eiförmigen Kammern; Durchschnitt kreisförmig. Die Nähte der Kammern vertieft. Mündung zugespitzt, strahlig. Sehr selten; 0,35 mm.

No. 466.

Tafel XXV. Figur 13. 14.

Der vorigen ähnlich, die vier Kammern, allmälig wachsend, sind spitzeiförmig, fast walzenförmig; die letzte Kammer steht zur Axe nach rückwärts gerichtet, an der Bauchseite hervorstehend, ähnlich einer Marginuline, Tafel XI. Figur 14. Die unteren Nähte glatt. Mündung gestrahlt, stumpf aufsitzend. Sehr selten; 0,47 mm.

No. 467.

Tafel XXV. Figur 45. 46.

Gehäuse glashell, glänzend, schiefspindelförmig, schlank; am unteren gerundeten Ende einen, die Embryonalkammer andeutenden knopfartigen Ansatz zeigend; der obere spitz zulaufende Theil nach vorn gebogen. Die ganze Schaale zeigt nur eine Kammer ähnlich Tafel I. Figur 10 und bildet eine Uebergangsform von den Lageniden zu den Polymorphinen. Nicht selten; 0,27 mm. Der Maassstab der Zeichnung ist 58 : 1.

No. 468.

Tafel XXXI. Figur 7. 8.

Gehäuse glashell, glänzend, glatt, lang tropfenartig, unten breiter als oben, Durchschnitt oval, die letzte Kammer bis auf drei Viertel der Höhe hinuntergehend; die fünf schrägen Kammern alternirend, durch seichte aber scharf gezeichnete Nähte getrennt, der obere Theil der letzten Kammer rückwärts gebogen. Mündung gestrahlt. Nicht häufig; 0,83 mm.

No. 469.

Tafel XXXI. Figur 1. 2. 3. 4.

Gehäuse glänzend, glatt, lang oval, oben breiter als unten, Durchschnitt oval, fast kreisförmig, letzte Kammer über die Hälfte der Höhe einnehmend, die fünf schrägen Kammern alternirend, durch glatte, schwer erkennbare Nähte getrennt. Die letzte Kammer nach rückwärts gebogen. Mündung gestrahlt. Selten; 1,00 mm.

No. 470.

Tafel XXVIII. Figur 27. 28. 29. 30.

Gehäuse glänzend, glatt, wenig gedrückt, sichelförmig, unten und oben gleichmässig zugespitzt, aus zwei Theilen bestehend, von welchen der untere Theil der in Tafel XXXI. Figur 1, 2, 3, 4 abgebildeten gleicht, während der obere Theil nach rückwärts gebogen, nur eine Kammer zu sein scheint, an beiden Theilen sind deutliche gestrahlte Mündungen zu erkennen; der concave Rücken-Theil der Schaale zeigt eine spaltenartige Vertiefung auf der ganzen Länge der Schaale. Dem Aeussern nach hat diese Form Aehnlichkeit mit der von d'Orbigny beschriebenen Bimulina, jedoch unterscheidet sich die vorliegende Form von jener durch die gestrahlte, terminale Mündung, wahrscheinlich ist diese Form eine Zwillingsverwachsung der vorher beschriebenen Art. Sehr selten; 1,20 mm.

No. 471.

Tafel XXXI. Figur 5. 6.

Gehäuse wenig glänzend, gerade, spindelförmig, oben und unten fast gleichmässig zugespitzt. Durchschnitt kreisförmig, letzte gerade Kammer tief hinabgehend. Fünf schräge Kammern. Nähte schwer erkennbar. Mündung sehr klein, rund, gestrahlt. Selten; 1,10 mm.

No. 472.

Tafel XXXI. Figur [illegible].

Gehäuse wenig glänzend, schiefrübförmig, nach unten sich zuspitzend, gerundet. Durchschnitt kreisförmig. Die ersten Kammern klein, die beiden letzten oben breit, tief hinabgehend, durch schräge, seichte Nähte getrennt. Auf der letzten Kammer befindet sich ein kugeliger, nach vorn gerichteter Aufsatz. Mündung nicht sichtbar. Sehr selten; 0,77 mm.

No. 473.

Tafel XXXI. Figur 9, 10, 11, 12.

Der vorigen ähnlich. Die Kammern allmälig wachsend, der ovale Aufsatz auf der letzten Kammer mit gestrahlter Mündung durch tiefe Naht von der letzten Kammer getrennt. Selten; 0,75 mm.

No. 474.

Tafel XXXI. Figur 13, 14, 15, 16.

Der vorigen ähnlich, das Gehäuse lanzettförmig, die Nähte seicht; der nach vorn gerichtete, eine kleinere, eiförmige Kammer bildende Aufsatz ist in der Regel zerbrochen; derselbe ist von der letzten grossen Kammer durch eine tief eingeschnittene Naht getrennt. Die Kammern liegen schuppenförmig über einander. Selten; 1,15 mm.

No. 475.

Tafel XXXI. Figur 17, 18, 19, 20.

Der vorigen ähnlich, an Stelle des nach vorn gerichteten eiförmigen Aufsatzes tritt eine glatte, die letzte Kammer zuspitzende, konische, kurze Röhre, ohne geschlossene sichtbare Mündung. Selten; 1,05 mm.

No. 476.

Tafel XXXI. Figur [illegible].

Der vorigen ähnlich, Gehäuse walzenförmig, unten gespitzt. Die Nähte sind weniger schräg; die letzte Kammer zeigt an der Basis eine sanfte Einschnürung in der Mitte der Schmale, dieselbe ist oval und endigt in einer ziemlich scharf aufgesetzten Röhre mit parallelen Seiten, auf welcher eine polypenartige von unregelmässigen Röhren gebildete Mündung aufsitzt; vergleiche Figur 28, 29 im vergrösserten Maassstabe. Ziemlich selten; 0,92 mm.

No. 477.

Tafel XXXI. Figur [illegible].

Gehäuse wenig glänzend, glatt, spindelförmig, am unteren Ende in scharfer Spitze auslaufend. Durchschnitt oval, fast kreisförmig. Kammern schräg und lang; die letzte ovale Kammer sehr klein, durch tiefe Naht getrennt und vorn aufgesetzt mit strahliger zugespitzter Mündung. Selten; 0,72 mm.

No. 478.

Tafel XXXI. Figur [illegible].

Der vorigen ähnlich, glasglänzend, die Nähte scharf gezeichnet, nach oben vertieft. Die letzte Kammer am grössesten mit zugespitzter, gestrahlter, runder Mündung. Nicht selten; 0,63 mm.

No. 479.

Tafel XXIX. Figur [illegible].

Der vorigen ähnlich, jedoch liegen die letzten Kammern nicht glatt an einander, sondern sind durch tiefe Nähte getrennt und treten stark gewölbt hervor. Durchschnitt kreisförmig. Selten; 0,70 mm.

No. 480.

Tafel XXVI. Figur [illegible]

Gehäuse glasglänzend, schlank, ähnlich der vorigen. Die letzte schmale Kammer vorn schief angesetzt, mit der gestrahlten zugespitzten Mündung nach hinten geneigt. Nicht selten; 0,87 mm.

No. 481.

Tafel XXXI. Figur [illegible]

Nur aus zwei Kammern gebildet, mit scharfer Spitze am unteren Ende, Mündung knopfartig und gestrahlt. Maassstab 72 : 1. Selten; 0,43 mm.

No. 482.

Tafel XXVI. Figur [illegible]

Gehäuse glänzend, lang tropfenartig, am unteren Ende scharf zugespitzt. Die längliche Mündung der vorletzten Kammer reicht bis zur Mündung der letzten Kammer in gewundener Lage die letztere umfassend. Sehr selten; 0,62 mm.

No. 483.

Tafel XXXI. Figur 34, [illegible]

Gehäuse glasglänzend, lang spindelförmig, an beiden Enden zugespitzt; die Nähte scharf gezeichnet, schräg, drei Kammern bildend, von welchen die beiden letzten tief hinabgehen. Durchschnitt oval. Mündung gestrahlt. Nicht selten; 0,62 mm.

No. 484.

Tafel XXXI. Figur [illegible]

Der vorigen ähnlich, das Gehäuse mehr walzenförmig, an beiden Enden gleichmässig zugespitzt. Häufig; 0,45 mm.

No. 485.

Tafel XXXII. Figur [illegible]

Gehäuse glänzend, fast walzenförmig, in der Mitte durch die fast wagerechte Naht der letzten Kammer eingeschnürt; das untere Ende scharf zugespitzt; die Form hat Aehnlichkeit mit der Tafel XXV, Figur 1, 2 und Tafel VI, Figur 10 abgebildeten, nur tritt bei der vorliegenden das Charakteristische der Polymorphinenform durch das Alterniren der Kammern deutlich hervor; sie ist als Uebergangsform anzusehen, wie bereits vorerwähnt worden. Es kommen Formen vor, bei welchen bis fünf alternirende Kammern sich vorfinden. Nicht selten; 0,18 mm.

No. 486.

Tafel XXXI. Figur [illegible]

Gehäuse wenig glänzend, schlauchartig, unten scharf zugespitzt, aus drei gleich grossen Kammern gebildet; die letzte Kammer schief aufgesetzt mit zugespitzter runder Mündung. Nicht selten; 0,33 mm.

No. 487.

Tafel XXXIII. Figur 5, 6, 7, 8.

Der vorigen ähnlich, die untere Kammer mit ihrer Spitze nach vorn geneigt; die letzte Kammer endigt in einem kurzen röhrigen Schnabel. Die Nähte vertieft. Ziemlich selten; 0,52 mm.

No. 488.

Tafel XXXII. Figur 9, 10, 11, 12.

Gehäuse glasglänzend, glatt, schiefherzförmig, unten zugespitzt, nur zwei gleich grosse Kammern sichtbar. Die letzte Kammer mit feiner, knopfartiger Mündung. Selten; 0,40 mm.

No. 489.

Tafel XXXII. Figur 1, 2, 3, 4.

Das Gehäuse glasglänzend, glatt, schiefherzförmig, unten scharf zugespitzt; die unteren Kammern klein, die beiden letzten gleich gross, nehmen den grössten Theil der Oberfläche ein. Die letzte eiförmige Kammer endigt in einem röhrigen nach vorn geneigten Schnabel mit gestrahlter Mündung. Durchschnitt kreisförmig. Ziemlich selten; 0,50 mm.

No. 490.

Tafel XXXII. Figur 23, 24.

Gehäuse glasig, glänzend, glatt, beutelförmig, plattgedrückt, am unteren breiten Ende gerundet; aus mehreren unregelmässigen Kammern gebildet; der obere Theil aus schmalen länglichen Kammern bestehend, von welchen die letzte die kleinste ist, mit der gestrahlten Mündung nach rückwärts geneigt. Nähte flach, Durchschnitt elliptisch. Sehr selten; 0,60 mm.

No. 491.

Tafel XXXII. Figur 21, 22.

Gehäuse glänzend, eiförmig, unten gerundet, der obere Theil nicht verlängert, das Gehäuse daher weizenkornartig gebildet. Ziemlich selten; 0,35 mm.

No. 492.

Tafel XXXII. Figur 27, 28.

Gehäuse glasig, glatt, weizenkornartig, unten und oben gleichmässig zugespitzt, aus drei Kammern bestehend, von welchen die beiden letzteren von gleicher Grösse bis zur Basis hinunterreichen. Ziemlich selten; 0,33 mm.

VIII. POLYMORPHINA D'ORB. (sensu strictiori) REUSS.

Gehäuse mehr oder weniger verlängert, gewöhnlich zusammengedrückt, oft breit. Kammern ungleich, mehr oder weniger umfassend, alle äusserlich sichtbar; alle oder nur die jüngeren unvollkommen zweizeilig angeordnet; die letzte kurz zugespitzt.

No. 493.

Tafel XXXII. Figur 17, 18, 19, 20.

Gehäuse glänzend, fast kreisrund, unten breiter als oben, zusammengedrückt, auf beiden Seiten gleichmässig gewölbt, aus vier länglichen, halbmondförmigen, sich umfassenden, allmälig wachsenden, alternirenden Kammern gebildet. Der Rand fast gerundet, schwach gekielt. Die Form der Kammern ist auf beiden Seiten verschieden gestaltet, eine schmale Oberseite entspricht einer breiten unteren. Die Nähte scharf gezeichnet sind vertieft. Die Mündung wenig erhöhet ist gestrahlt. Ziemlich selten; 0,75 mm.

No. 404.

Tafel XXXII. Figur [illegible]

Gehäuse glänzend, mehr breit als hoch, rhomboidal, zusammengedrückt, oben breiter als unten, in der Seitenansicht nicht oval, sondern parallelepipedisch, unten gerundet, oben zugespitzt, auf beiden Seiten gleichmässig flach gewölbt, aus sieben allmälig wachsenden, stark gebogenen, umfassenden Kammern gebildet. Der Rand gerundet, gekerbt. Die Kammern gewölbt. Nähte tief eingeschnitten und scharf gezeichnet. Mündung wie bei der vorhergehenden. Ziemlich selten; 0,95 mm.

No. 405.

Tafel XXXII. Figur [illegible]

Der vorigen ähnlich, jedoch mehr lang als breit, unten dehnt sich die erste Kammer lang ausgezogen zur abgerundeten Spitze aus. Die Nähte weniger tief. Der gekerbte Rand schwach gekielt. Ziemlich selten; 1,28 mm.

No. 406.

Tafel XXXII. Figur [illegible]

Der vorigen ähnlich, noch mehr verlängert, die Seitenflächen schraubenförmig gebogen. Das Gehäuse wenig glänzend. Die Nähte glatt. Ziemlich selten; 1,02 mm.

B. Textilaridea Schlz.

Gehäuse kalkig, fein porös, mehr oder weniger verlängert, gerade, gleichseitig, beinahe stets in wechselndem Grade zusammengedrückt. Die Kammern regelmässig alternirend, in zwei parallelen Längsreihen liegend. Mündung meist einfach, terminal oder lateral, rund oder spaltenförmig, selten mehrzählig, klein.

I. Textilaria Defr.

Gehäuse kalkig, verkehrt kegel- oder keilförmig, meist von vorn nach hinten zusammengedrückt. Mündung eine Spalte am inneren Rande jeder Kammer senkrecht auf der Zusammendrückungsebene des Gehäuses, meistens nackt, selten gelippt oder kurzröhrig oder gedeckelt, bisweilen gegen den Scheitel der Kammern hinaufrückend.

No. 407.

Tafel XXXIII. Figur 1, 2.

Gehäuse rauh, keilförmig, breit, stark zusammengedrückt, der untere Theil zugespitzt. Der Rand scharf gekielt, gezackt, die Kammern schräg liegend, fast flach, am untern Theile sehr klein und undeutlich. Mündung an der innern Seite der letzten Kammer quergeschlitzt, halbmondförmig, an manchen Exemplaren fast rund und vertieft. Häufig; 1,10 mm.

No. 498.

Tafel XXXIII. Figur 4, 5.

Der vorigen ähnlich, nur ohne kielförmigen gezackten Rand. Häufig; 0,67 mm.

No. 499.

Tafel XXXIII. Figur 3, 4.

Gehäuse schmal, zungenförmig, lang gestreckt, gebogen, flach. Die zahlreichen Kammern erhöhet. Mündung gewulstet, rund (nicht gestrahlt, wie in der Zeichnung Figur 4 angegeben ist); im Uebrigen der Figur 1 u. 2 bezeichneten ähnlich; 1,70 mm.

No. 500.

Tafel XXXIII. Figur 5, 6, 7.

Wahrscheinlich eine Zwillingsverwachsung der vorhergehenden Arten, bei welcher zwei Individuen, in der Mitte um neunzig Grad gedreht, verwachsen sind. Sehr selten; 0,88 mm.

No. 501.

Tafel XXXIII. Figur 10, 11, 12.

Gehäuse rauh, gerade, lanzettförmig, schmal, stark zusammengedrückt. Der Rand zugeschärft, jedoch ohne Zacken. Die Kammern alternirend, in der Mitte dichter in einander greifend als bei den vorigen. Häufig; 1,10 mm.

II. Bolivina d'Orb.

Gehäuse stark verlängert, meist schmal, von vorn nach hinten zusammengedrückt. Kammern zahlreich, niedrig, flach, schräge. Die Mündung eine laterale Spalte von der Spitze der letzten Kammer zum innern Rande herablaufend.

No. 502.

Tafel XXXIII. Figur 14, 15, 16.

Gehäuse fast glasig, mit feinen Punkten besetzt, lanzettförmig, wenig gebogen, oben breit gerundet, nach unten zugespitzt, Querdurchschnitt breit oval, der Rand ohne Kiel mit feinen, abwärts stehenden Schuppen besetzt. Kammern schräg, allmälig wachsend, in der Mittellinie sich berührend; die obern Kammern in dornigen Spitzen hervorragend. Nähte scharf gezeichnet, wenig vertieft. Mündung fischartig gespalten. Selten; 0,75 mm.

No. 503.

Tafel XXXIII. Figur 23, 24.

Der vorigen ähnlich, jedoch viel kleiner, die Kammern sind ohne Dornen und durch eine rinnenartige Vertiefung der Mittellinie von einander getrennt. Selten; 0,29 mm.

No. 504.

Tafel XXXIII. Figur 18, 19.

Gehäuse nicht glänzend, glatt, lanzettförmig, flach, in der Regel dunkelbraun gefärbt. Mündung nicht zu erkennen. Die Nähte vertieft; die Kammern wenig schräg mit fast wagerechten Nähten, in der Regel nur fünf Kammern auf jeder Seite. Ziemlich selten; 0,20 mm.

No. 505.

Tafel XXXIII. Figur 13. 14. 15.

Gehäuse glasig glänzend, mit feinen Punkten besetzt, gerade, breit lanzettförmig, unten gerundet. Querdurchschnitt oval; die alternirenden Kammern, schräg gestellt, berühren sich in der Mitte im Zickzack. Der untere Theil der Schale bis zur halben Höhe ist mit feinen Längsstreifen geziert. Die Mündung, eine senkrechte Spalte, schwach gewulstet. Ziemlich häufig; 0,40 mm.

No. 506.

Tafel XXXIII. Figur 15. 16.

Gehäuse glasig, rauh mit feinen Punkten bedeckt, breit walzig, unten zugespitzt, in der Mitte am breitesten. Die Kammern wie bei der vorigen, weniger regelmässig, der Rand am obern Theile mit nach unten gerichteten Dornen besetzt. Mündung zweifelhaft. Vielleicht gehört diese Form zu den nodosarienförmigen Polymorphinen. Sehr selten; 0,40 mm.

No. 507.

Tafel XXXIII. Figur 17. 18.

Gehäuse fein punktirt, fast rauh, verkehrt konisch, aus zwei Reihen perlartig übereinander liegenden, kugeligen, schnell wachsenden, alternirenden Kammern. Die Nähte vertieft. Die untersten Kammern verschwindend klein. Die Mündung eine halbmondförmige, von einem Saum eingefasste Querspalte am innern Rande der letzten Kammer. Nicht selten; 0,22 mm.

No. 508.

Tafel XXXIII. Figur 19. 20.

Der vorigen ähnlich, jedoch sind die Kammern nicht zweireihig gestellt, sondern sie stehen unregelmässig mehr spiralig und dürfte die Form daher zu den Gaudryinen gehören. Die letzte Kammer wird von den beiden vorhergehenden überragt. Mündung eine gewulstete feine Querspalte. Sehr selten; 0,22 mm.

III. Gemmulina d'Orb.

Gehäuse walzig, schwach gekrümmt; der Anfangstheil eine Textilaria, die jüngeren Kammern in einfacher gerader Reihe über einander stehend, mit wenig schiefen Nähten. Mündung terminal, rund, auf kurzem excentrischen Schnabel.

No. 509.

Tafel XXXIII. Figur 20. 21.

Gehäuse lang gestreckt, walzig, am unteren Ende schwach gekrümmt. Die Oberfläche der Schale ist mit feinen Strichen geziert, welche jedoch nicht über die vertieften breiten Nähte hinweggehen, die Kammern alterniren bis zum oberen Theil; die beiden letzten Kammern sind nodosarienartig gebildet; auf der letzten, schnabelartig verlängerten, excentrischen Kammer befindet sich die von einer schleifenartigen Wulst umgebene Mündung an der inneren Seite. Sehr selten; 1,50 mm.

Missbildungen und Zwillingsverwachsungen der ENALLOSTEGIER.

No. 510.

Tafel XXXIV. Figur 1, 2, 3.

Eine Globuline mit rauhem, stacheligem Gehäuse. Durchschnitt kugelig. Auf der letzten Kammer befinden sich kalkige, polypenartige Röhren anstatt der Mündung, welche unregelmässig sich über die obere Hälfte der Schaale verzweigen. Nähte kaum sichtbar. Sehr selten; 0,73 mm.

No. 511.

Tafel XXXIV. Figur 4, 5, 6.

Eine Globuline mit glattem, lang ovalem Gehäuse. Durchschnitt oval, ähnlich der Tafel XXVII. Figur 4, 5, 6 abgebildeten; über der seitlich liegenden gestrahlten Mündung befindet sich ein durch eine vertiefte Naht getrennter Aufsatz mit hervorspringenden Röhren, ähnlich derjenigen Form, wie sie im Wiener Becken sich vorfindet und von d'Orbigny Tafel XIII. Figur 15, 16 abgebildet ist. Ziemlich selten; 0,43 mm.

No. 512.

Tafel XXXIV. Figur 10, 11, 12.

Der vorigen ähnlich, der Aufsatz ockerfarbig rauh. Die Schaale grösser. Selten; 0,72 mm.

No. 513.

Tafel XXXIV. Figur 7, 8, 9.

Der vorigen ähnlich. Gehäuse spitzeiförmig, der röhrige Aufsatz ist fast so hoch als das Gehäuse und dehnt sich seitwärts über letzteres bis zur Mitte hinunter reichend aus; die Röhren sind weniger hervorragend als bei den vorigen, daher der ganze Aufsatz verknorpelt erscheint. Selten; 0,92 mm.

No. 514.

Tafel XXXIV. Figur 13, 14.

Gehäuse tropfenförmig, unten gerundet, glatt, ähnlich der Tafel XXVII. Figur 13, 14, 15 abgebildeten. Die letzte Kammer endet in zwei symmetrisch gestellten Röhren, welche einen ähnlichen Aufsatz bilden, wie bei den vorerwähnten Formen. Selten; 0,30 mm.

No. 515.

Tafel XXXIV. Figur 15, 16.

Eine Guttuline, deren Mündung in einen röhrenartigen, in der Mitte verdickten Aufsatz von fast gleicher Dicke der letzten Kammer, bei fast doppelter Höhe ausläuft; der Aufsatz ist am oberen Ende leider zerbrochen und lässt daher nicht erkennen, ob eine wirkliche Ausmündung daselbst stattfindet. Gehäuse und Aufsatz ist glatt, letzterer mit unregelmässigen Linien geziert. Sehr selten; 0,02 mm.

No. 516.

Tafel XXXIV. Figur 17, 18.

Eine Guttuline, ähnlich der Tafel XXVII. Figur 30 abgebildeten, in Zwillingsverwachsung, so dass die letzte grössere Kammer sich am unteren Ende angelegt hat, wodurch oben und unten die gestrahlten Mündungen sichtbar werden. Sehr selten; 0,23 mm.

No. 517.

Tafel XXXIV. Figur [illegible]

Eine Guttuline, ähnlich der Tafel XXIX. Figur 6 abgebildeten, bei welcher die vorletzte Kammer mit der gestrahlten Mündung nach unten gebohrt angewachsen ist, wodurch letztere aus dem Gehäuse frei heraussteht. Sehr selten; 1,34 mm.

No. 518.

Tafel XXXIV. Figur [illegible]

Eine Globuline mit rauher Schaale, an deren unterem Ende eine kegelartige Kammer, zwischen der Naht der letzten und vorletzten Kammer, nach der Seite der obern Mündung geneigt, hervortritt, mit gestrahlter Mündung, so dass am obern und untern Ende eine Mündung sich befindet. Selten; 0,45 mm.

No. 519.

Tafel XXIX. Figur [illegible]

Eine Guttuline mit doppelter Mündung, in der Ausbildung, der vorigen ähnlich, jedoch mit glänzend glasiger Schaale. Selten; 0,50 mm.

No. 520.

Tafel XXXIV. Figur [illegible]

Eine Guttuline von der Art wie Tafel XXX. Figur 6 abgebildet, in ähnlicher Vorwachsung, wie die beiden vorhergehenden. Selten 0,45 mm.

Fünfte Ordnung.

Agathistegia D'Orbigny.

Aufgewickelte Kammern auf zwei, drei, vier oder fünf Seiten um eine gemeinschaftliche Axe, indem jede in ihrer Aufrollung die ganze Länge der Schaale oder die Hälfte des Umganges ausmacht; auf diese Weise befindet sich die Oeffnung, welche beinahe immer mit einem Ansatze ausgestattet ist, abwechselnd an einem oder dem andern Ende.

Miliolidea Schltz

Gehäuse kalkig, compact, porenlos, elfenbeinartig. Die Kammern spiral, der Länge nach um eine Axe eingerollt, jede die ganze Länge derselben einnehmend. Sie liegen entweder in einer Ebene oder in zwei parallelen oder in drei oder fünf nicht parallelen Ebenen und bilden daher eine bis fünf sich ganz und theilweis deckende Reihen und ein- bis fünfzählige Spiralumgänge, so dass äusserlich nur eine, zwei, drei oder fünf oder alle Kammern sichtbar sind. Die Kammerhöhlungen einfach oder durch secundäre Längsscheidewände unterabgetheilt. Mündung einfach, abwechselnd am obern und untern Ende der Kammern gelegen, meist gezahnt oder in Mehrzahl vorhanden, klein, porenförmig; die Kammern der nachbarlichen Umgänge durch feine quere Verbindungsröhren communicirend.

A. Cornuspiridea Schltz

a. Gleichseitig.

Gehäuse tellerförmig, spiral gewunden, mit anliegenden Umgängen in der Mitte verdünnt, am Ende in ganzer Weite oder etwas verengert ausmündend.

No. 521.

Tafel XXXV. Figur 1. 2.

Gehäuse tellerförmig, gegen das Centrum hin beiderseitig gleichmässig vertieft. Die wenig gewölbten, zahlreichen, am Rücken gerundeten Umgänge werden nach der Mitte zu undeutlich, sie sind von fast gleicher Breite, nur der letzte Umgang breiter; die Schaalenoberfläche ist rauh. Die Umgänge zeigen ungleiche Quertheilungen, welche bald grössere bald kleinere Abschnitte darstellen und bald breiter oder schmaler sind, wodurch die Windungen an Regelmässigkeit der Ausbildung verlieren. Die Mündung springt nicht vor, sondern läuft flach auf dem Rücken des Umganges aus. Nicht selten; 0,67 mm.

No. 522.

Tafel XXXV. Figur 3. 4.

Gehäuse scheibenförmig, kreisrund, ohne mittlere Vertiefung; zahlreiche, bis zur Mitte deutlich erkennbare, gleich breite Umgänge, welche durch scharf bezeichnete spirale Nähte geschieden sind. Schaalenoberfläche glatt. Die Umgänge ohne Quertheilungen. Die Mündung über den Rücken des letzten Umganges hervortretend. Sehr selten; 0,15 mm.

No. 523.

Tafel XXXV. Figur 5. 6.

Gehäuse kreisrund, tellerförmig, der mittlere Theil beiderseits vertieft; nur wenige, allmälig in der Breite wachsende, durch scharfe, vertiefte Nähte geschiedene, gewölbte Umgänge. Der Rand gewölbt; die Umgänge sind durch radiale Quertheilungen in fast gleich grosse Abtheilungen geschieden. Schaalenoberfläche wenig rauh. Die Mündung hervortretend. Sehr selten. Der Maassstab der Zeichnung ist 2⁸:1; 0,52 mm.

No. 524.

Tafel XXXV. Figur 7. 8.

Gehäuse kreisrund, scheibenförmig, der mittlere Theil beiderseits knopfartig erhöht, nur wenige, schwer erkennbare, am Umfang gerundete Umgänge, von welchen der letzte sehr breit ist. Mündung wenig hervortretend. Querfalten kaum erkennbar. Sehr selten; 0,28 mm.

No. 525.

Tafel XXXV. Figur 9. 10.

Gehäuse glänzend, fast kreisrund, flach, sehr stark zusammengedrückt, der Rand nicht zugeschärft. Nur wenige umfassende Umgänge, von welchen der letzte schnell an Breite zunimmt; an dem äusseren Rande desselben verläuft eine allmälig sich verschmälernde Spiralfurche. Die spiralen Windungen durch vertiefte Nähte scharf hervortretend. Auf den Umgängen befinden sich gebogene, durch wulstartige Ränder erzeugte Quertheilungen in ziemlich gleichmässigen, allmälig wachsenden Abschnitten. Sehr selten; 0,75 mm.

No. 526.

Tafel XXXV. Figur 11, 12.

Gehäuse mattglänzend, helmförmig, flach, sehr stark zusammengedrückt, mit geradem Rande. Nur wenig Umgänge, die inneren schmal, der letzte sehr schnell an Breite zunehmend, so dass das Mund-Ende desselben die Hälfte der Höhe der ganzen Schaale einnimmt. Die Umgänge wenig umfassend, sind platt, ohne Spiralfurche, durch vertiefte Nähte scharf hervortretend; dieselben sind mit sehr ungleich vertheilten, bogenförmigen Quertheilungen in den Anwachslinien geziert. Sehr selten; 2 mm.

b. Ungleichseitig.

Schaale kreidig, spiral aufgerollt; das Gewinde ist ungleichseitig, nur auf einer Seite sichtbar und hier in einer Ebene liegend oder wenig hervortretend. Die andere Seite zeigt die Windungen konisch hervortretend in halbkugeliger Form, oft mit nabelartiger Vertiefung im Centrum.

In dem Pietzpuhler Septarienthon finden sich nicht selten die von Bornemann in der Zeitschrift der deutschen geologischen Gesellschaft Jahrgang 1855 zur mikroskopischen Fauna des Septarienthones von Hermsdorf beschriebenen und abgebildeten Formen der Valvulina umbilicata; dieselben sind jedoch stets Steinkerne von brauner Farbe, ohne eine Spur der früheren Schaale zu zeigen; die Mündung ist immer zerbrochen; dieser Zustand deutet darauf hin, dass diese Formen mit der Gesammtfauna des Pietzpuhler Septarienthones als gleichalterig nicht angesehen werden können und sind deshalb dieselben in dieser Zusammenstellung nicht aufgenommen worden. Die folgenden Formen dagegen, welche an dieser Stelle aufgenommen worden sind, scheinen dem Septarienthon unzweifelhaft anzugehören, da ihre vollkommene Erhaltung auf ein gleichzeitiges Vorkommen mit den übrigen Formen schliessen lässt.

No. 527.

Tafel XXXV. Figur 13, 14, 16.

Gehäuse kreisförmig, mattglänzend, ungleichseitig. Die untere Seite Figur 13 flach, in der Mitte mit vertieftem Nabel, nur wenige, schwer erkennbare Umgänge zeigend, ebenso undeutlich anderweitige Sculpturen (die Zeichnung Figur 13 ist nicht richtig und es müssen die scharfen Spiralen wie in Figur 16 genauer ausgeprägt erscheinen). Die obere Seite Figur 14 ist erhöht, so dass jede Windung sich über der folgenden erhebt; die Windungen des mittleren Theils der Schaale ziemlich flach. Die halbmondförmige Mündung umfasst den Rücken des letzten Umganges. Der Rand des letzten Umganges fast mässig zugeschärft, bei den anderen Windungen gerundet. Selten; 0,33 mm.

No. 528.

Tafel XXXV. Figur 16, 17, 18, 19, 20.

Der vorhergehenden ähnlich, jedoch auf beiden Seiten ungleich erhoben; der Durchschnitt nicht kreisförmig, sondern elliptisch. Selten; 0,33 mm.

No. 529.

Tafel XXXV. Figur 21, 22, 23.

Gehäuse kreisförmig, porzellanartig mattglänzend, ungleichseitig. Die untere Seite Figur 22 zeigt drei wenig gewölbte, gleich breite Umgänge, an deren letzten die halbmondförmige Mündung sich befindet; dieselben werden, mehr als den halben Umfang der kreisförmigen Schaale einnehmend, rechtwinklig zu ihnen gestellt, unterhalb von einer sichelförmigen Wulst umspannt, während der obere Theil offen bleibt; die obere Seite Figur 23 lässt die drei Umgänge des mittleren Kernes undeutlich erkennen, dieselben werden wiederum in der Mitte durch eine Wulst, die jedoch nur etwas über die Hälfte der sichtbaren Kreisfläche hinausreicht, umspannt, so dass die beiden Wulste sich rechtwinklig kreuzen. Sehr selten; 0,35 mm.

No. 590.

Tafel XXXV. Figur 31. 32. 33.

Das Gehäuse besteht aus zwei schräg an einander liegenden, kreisförmigen, glatten Kammern, von welchen die obere kleinere, die ovale gewulstete Oeffnung trägt.

B. MELIOLIDEA GENUINA. Reuss.

Kammerhöhlungen ununterbrochen; Mündung einfach, gross. Gehäuse porzellanartig.

I. BILOCULINA. d'Orb.

Gehäuse gleichseitig, fast kugelig. Die Kammern abwechselnd in entgegengesetzter Richtung in zwei parallelen Ebenen liegend; die jüngere jede nächst ältere mit dem Rande rings umfassend und nur die zwei letzten äusserlich sichtbar. Oeffnung gross, mit einem Zahn versehen.

No. 591.

Tafel XXXV. Figur 33. 34. 35.

Gehäuse kugelförmig, glänzend, nur aus zwei Kammern bestehend, von welchen die vorletzte, eine vollkommene Kugel, von der letzten Kammer umspannt wird. Die Naht flach und feinlinig. Die Mündung wird durch einen klappenartigen Zahn gebildet, dessen Rand eine Spalte von hufeisenförmiger Gestalt als Oeffnung herstellt. Sehr selten; 0,45 mm.

No. 592.

Tafel XXXV. Figur 37. 38. 39.

Gehäuse fast kugelförmig, der Rand mässig zugeschärft, fast gerundet; die vorletzte Kammer kugelförmig gewölbt, wird von der letzten durch einen, ringsum gleichen, schmalen Saum umspannt. Die Naht vertieft. Mündung gross, elliptisch, flach gewulstet, wird von dem breiten zweilappigen Zahn ausgefüllt, so dass eine Γ-förmige Spalte offen bleibt. Nicht selten; 1,12 mm.

No. 533.

Tafel XXXV. Figur [illegible]

Gehäuse fast kugelförmig, der Rand mässig angeschärft; die vorletzte Kammer kugelförmig gewölbt, wird von der letzten mit einem ringsum gleichen, ziemlich breiten Saum umspannt. Die Naht stark vertieft. Mündung hufeisenförmig wird von einem einfachen halbmondförmigen Zahn ausgefüllt. Am unteren Ende befindet sich in der Verlängerung des Randes ein angeschärfter breiter Anhängsel. Ziemlich selten; 0,81 mm.

No. 534.

Tafel XXXV. Figur [illegible]

Der vorigen ähnlich, nur ist das Gehäuse langelförmig. Ziemlich selten; 0,81 mm.

No. 535.

Tafel XXXVI. Figur 1, 2, 3.

Der vorigen ähnlich, nur ist die vorletzte Kammer stärker gewölbt und am unteren Ende befindet sich kein Anhängsel. Mündung wie bei No. 532. Nicht selten; 0,88 mm.

II. Triloculina d'Orb.

Gehäuse ungleichseitig, gewöhnlich mehr oder weniger dreiseitig. Die Kammern in drei nicht parallelen Ebenen um die Windungsaxe stehend. Die dreikammerigen Umgänge sich regelmässig deckend, daher äusserlich nur die letzten drei Kammern sichtbar. Mündung gewöhnlich mit einem Zahne, selten mit zwei Zähnen versehen oder zahnlos.

No. 536.

Tafel XXXVI. Figur 4, 5, 6, 7.*)

Gehäuse oval, im Querschnitt kreisförmig, die beiden letzten Kammern stark gewölbt, aussen breit gerundet; die mittlere Kammer breit hervortretend und gerundet; am unteren Theile hat die letzte Kammer einen knopfartigen, unter der mittleren Kammer liegenden Abschluss. Die Mündung halbmondförmig wird von dem gleichförmigen Zahn ausgefüllt und zeigt eine feine halbkreisförmige Spalte. Selten; 0,82 mm.

No. 537.

Tafel XXXVI. Figur 8, 9, 10.

Gehäuse oval, aufgeblasen, im Querschnitt etwas dreiseitig mit abgerundeten Ecken; die beiden letzten Kammern stark gewölbt, aussen breit gerundet. Die mittlere Kammer klein und wenig hervortretend. Die Mündung wie bei der vorhergehenden. Der untere Theil der Schaale gerundet ohne Anhängsel. Nicht selten; 0,05 mm.

---

*) Die neben mehreren Figuren auf Tafel XXXVI. und XXXVII. stehenden Zahlen z. B. 2:3 oder 4:1 etc. sind ohne Bedeutung.

No. 538.

Tafel XXXVI. Figur 11, 12, 13, 14.

Das Gehäuse ist der Figur 4, 5, 6, 7 beschriebenen ähnlich, nur in der Mündung findet sich ein wesentlicher Unterschied, indem dieselbe ungezahnt ist. Die Figur 12 ist unrichtig; es umspannt der obere Theil der letzten Kammer den schief eiförmig gerundeten Theil der vorletzten ganz einfach und lässt nur zwischen beiden eine sichelförmige Spalte erblicken. Selten; 0,82 mm.

No. 539.

Tafel XXXVI. Figur 15, 16, 17.

Aehnlich der Figur 4, 5, 6, 7 beschriebenen, nur ist anstatt der knopfartigen Endigung der letzten Kammer am untern Ende, ein kielartiger Ansatz unterhalb der mittlern Kammer, welcher nach dem Rücken zu verlauft. Selten; 0,67 mm.

No. 540.

Tafel XXXVI. Figur 18, 19, 20, 21.

Gehäuse rauh, oval, vorletzte Kammer stark gerundet, letzte Kammer oben gerade abgestumpft, unten mit einem knopfartigen Ansatz vorspringend. Die beiden letzten Kammern sind flach und mit vertieften Längsstreifen geziert, Mündung halbkreisförmig mit zweispaltigem Zahn. Die mittlere Kammer liegt vertieft zwischen den andern und ist nur wenig sichtbar. Sehr selten; 0,70 mm.

III. Quinqueloculina d'Orb.

Gehäuse ungleichseitig, gewöhnlich etwas fünfseitig. Die Kammern in fünf nicht parallelen Ebenen um die Windungsaxe stehend und sich deckend, daher äusserlich nur fünf Kammern sichtbar, indem auf einer Seite nur eine, auf der andern zwei zwischen den beiden Endkammern hervortreten. Mündung meistens mit einem Zahne versehen. Selten zahnlos.

No. 541.

Tafel XXXVI. Figur [illegible].

Gehäuse breit oval, die Kammern eckig abgerundet, die zwei Seitenkammern breit und von ungleichen Bogen begrenzt; die drittvorletzte Kammer eckig; Nähte vertieft. Die Mündung klein, gerade abgestumpft, kreisförmig, mit kleinem zweispaltigem Zahn. Nicht selten; 0,82 mm.

No. 542.

Tafel XXXVI. Figur [illegible].

Gehäuse fast in der Vorderansicht kreisförmig, auf der einen Seite platt gedrückt, auf der andern erhöht. Die vorletzte Kammer stark ausgebaucht; die Ränder der beiden letzten Kammern zugeschärft gerundet, daher in der Seitenansicht stark oval und im Grundriss fast dreieckig; die grössere Mittelkammer stark hervorspringend, die kleinere kaum erkennbar, die Nähte fein. Mündung halbmondförmig gross mit zweitheiligem Zahn. Nicht selten; 0,80 mm.

No. 542.

Tafel XXXVI. Figur [illegible].

Der vorigen ähnlich, nur in allen Dimensionen grösser, der Zahn viereckig an den Ecken abgerundet, einfach. Nicht selten; 1,20 mm.

No. 544.

Tafel XXXVI. Figur [illegible].

Der in Figur 22 beschriebenen ähnlich, nur ist die Mündung (welche in 34, 35 verzeichnet ist) anders, sie bildet nämlich eine gebogene, halbkreisförmige, feine Spalte, ebenso wie bei Figur 10, Tafel XXXVI.; ausserdem sind die Ränder der beiden letzten Kammern gerundet und nicht zugeschärft. Selten; 0,72 mm.

No. 545.

Tafel XXXVI. Figur [illegible].

Gehäuse rechteckig mit abgestumpften Ecken; sämmtliche sichtbare Kammern stark ausgebaucht, selbst die kleinere Mittelkammer, welche bei andern Arten in der Regel sehr flach liegt und sehr zurücktritt. Die letzte Kammer tritt am untern, die vorletzte am obern Ende weit heraus. Die Nähte stark vertieft. Die gerade abgestumpfte, vertieft liegende Mündung klein, halbmondförmig mit einfachem, klappenartigem Zahn, die Oeffnung eine halbkreisförmige Spalte. Sehr selten; 0,57 mm.

No. 546.

Tafel XXXVII. Figur [illegible].

Gehäuse breit oval, fast kreisförmig, im Grundriss ein gleichschenkliges Dreieck bildend, mit abgestumpften Ecken; der Rand der beiden letzten Kammern zugeschärft, gerandet, die eine Seite fast ganz flach, die andere durch die grössere Mittelkammer stark gewölbt, die andere Mittelkammer sehr klein; die beiden Aussenkammern stark gewölbt, die Nähte scharf gezeichnet. Die letzte Kammer oben überragend, die vorletzte hat am untern Ende einen scharfen weit hervorragenden Stachel. Die Mündung hufeisenförmig mit fast rechteckigem Zahn. Nicht selten; 0,90 mm.

No. 547.

Tafel XXXVII. Figur 5, 6, 7.

Gehäuse sehr schmal und lang, unten gerundet. Die Nähte nur an der letzten schmalen Kammer erkennbar; der Rücken gerundet. Die Mündung abgestumpft mit undeutlicher Oeffnung. Selten; 0,22 mm.

No. 548.

Tafel XXXVII. Figur [illegible].

Gehäuse platt gedrückt; in der Seitenansicht rhomboidal erscheinend, wegen der starken Ausbuchtung der letzten Kammer am untern und der vorletzten am obern Theile der Schaale; die letzte Kammer endigt am untern Theile vorspringend, ebenso am obern, durch die röhrenartig aufgesetzte Mündung. Die letzte Kammer hat eine (in der Zeichnung nicht ausgedrückte) Längsfurche. Die beiden innern Kammern mässig gewölbt. Selten; 0,40 mm.

No. 549.

Tafel XXXVII. Figur [illegible].

Gehäuse ähnlich der vorigen, nur dadurch unterschieden, dass die beiden äussern Kammern nicht gerade auf der Axe des Gehäuses stehen, sondern am obern Ende sich kreuzen; vielleicht nur eine Monstrosität der vorigen, mit der sie in Bezug auf die Mündung und Struktur sonst übereinstimmt. Sehr selten; 0,47 mm.

No. 550.

Tafel XXXVII. Figur [illegible]

Aehnlich der Figur 17 abgebildeten, nur kleiner, die innern Kammern nicht deutlich erkennbar, die äussern mit feinen Linien gezeichnet. Sehr selten; 0,32 mm.

No. 551.

Tafel XXXVII. Figur [illegible]

Gehäuse oval, zusammengedrückt, die mittleren Kammern hervortretend, Rand gerundet; aus mehreren durch seichte Nähte getrennte, schmale Kammern gebildet, welche den Charakter der Spiroloculina zeigen. Die Mündung auf einer röhrigen Verlängerung mit runder Oeffnung. Nicht selten; 0,53 mm.

No. 552.

Tafel XXXVII. Figur 14, 15, 16.

Eine monstrose Form, bei welcher die äussern Kammern am untern Ende sich kreuzen, während die Scheidungsnähte der innern Kammern nicht deutlich zu erkennen sind; vielleicht zur vorhergehenden Art gehörend.

IV. Spiroloculina d'Orb.

Gehäuse gleichseitig, von den Seiten stark zusammengedrückt. Die Kammern alternirend in zwei parallelen Ebenen liegend, sich nur von vorn und hinten deckend, an den Seitenflächen des Gehäuses sämmtlich sichtbar. Mündung einfach, meistens mit einem Zahne versehen.

No. 553.

Tafel XXXVII. Figur [illegible]

Das Gehäuse elliptisch, oben und unten zugespitzt, stark zusammengedrückt; der Rand sehr wenig gerundet, die äussere Kammer breit; die Mündung kurzröhrig fast abgestumpft; im Uebrigen hat diese Form viel Aehnlichkeit mit der Figur 11 beschriebenen. Ziemlich häufig; 0,51 mm.

No. 554.

Tafel XXXVII. Figur [illegible]

Gehäuse elliptisch, oben und unten zugespitzt, stark zusammengedrückt und nach der Mitte zu vertieft; fünf bis sechs allmälig wenig sich verbreiternde hohlkehlenartig vertiefte Kammern sind durch feine linienartige Nähte geschieden. Der Rand ist flachgewölbt, nach der Mündung hin schmaler werdend (die Zeichnung Figur 20 ist nicht entsprechend, vielmehr trifft Figur 22 zu). Die Mündung wenig erhöht, die Oeffnung oval mit einfachem Zahn. Nicht selten; 0,48 mm.

No. 555.

Tafel XXXVII. Figur [illegible]

Aehnlich der vorigen, in der Mitte nicht vertieft, die letzte Kammer durch eine tiefe Hohlkehle von der daneben liegenden getrennt, am unteren Ende stark nach vorn hervortretend; die Mündungsröhre nach rückwärts gebogen. Selten; 0,42 mm.

No. 556.

Tafel XXXVII. Figur [illegible]

Gehäuse breit oval, am unteren Ende breit gerundet, nach vorn stark ausgebaucht, weniger zusammengedrückt als die vorige Art; der untere Theil der letzten seicht anliegenden Kammer ist nach rückwärts gerichtet, die Mündung röhrenförmig, erhaben mit ovaler Oeffnung ohne Zahn. Sehr selten; 0,30 mm.

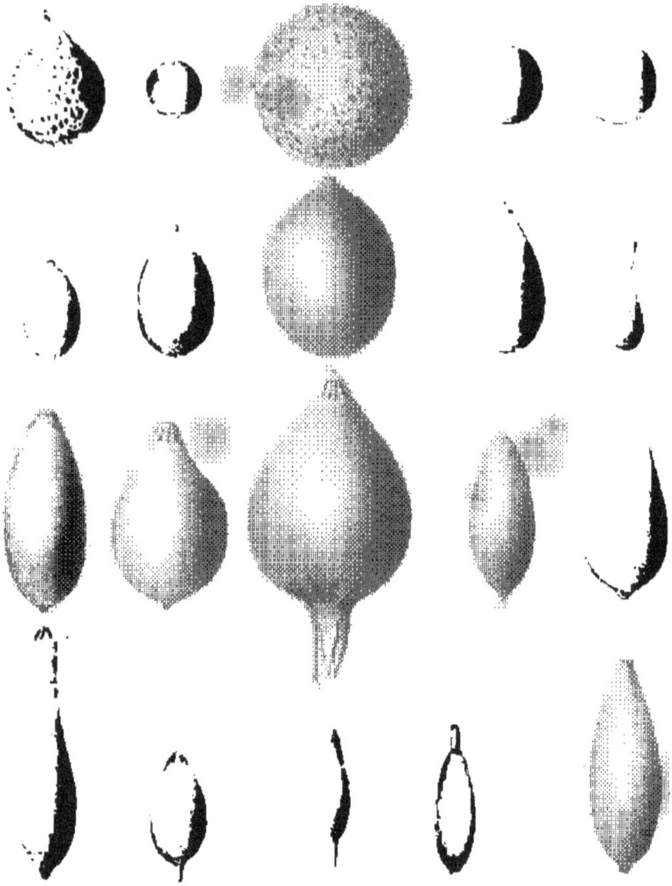

[illegible]

30 : 1

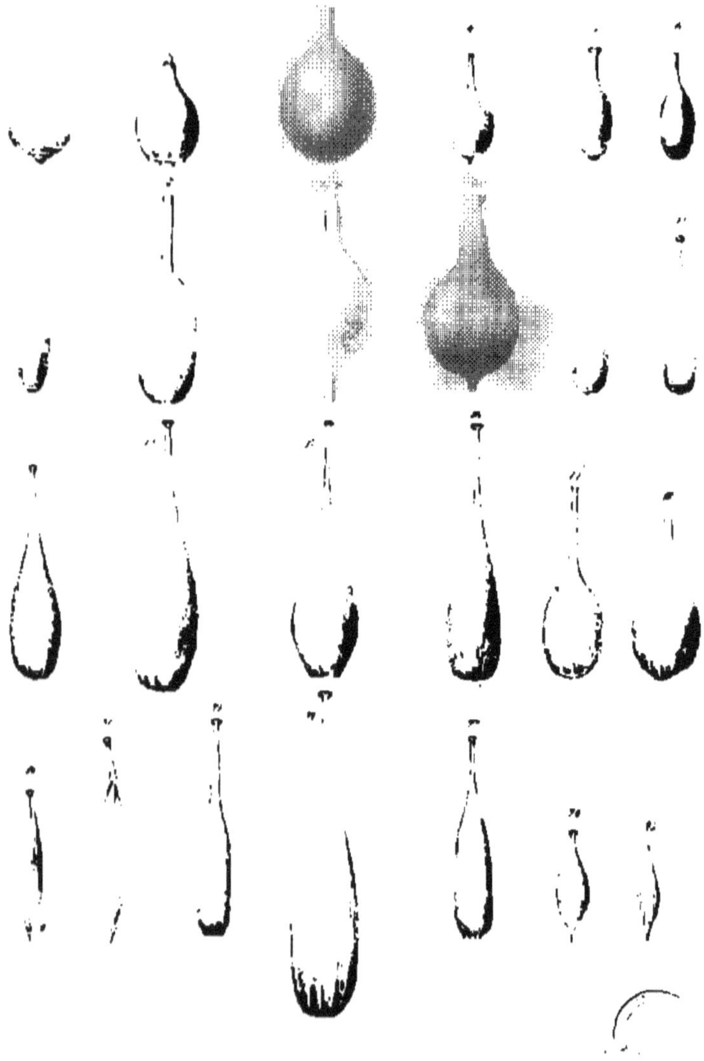

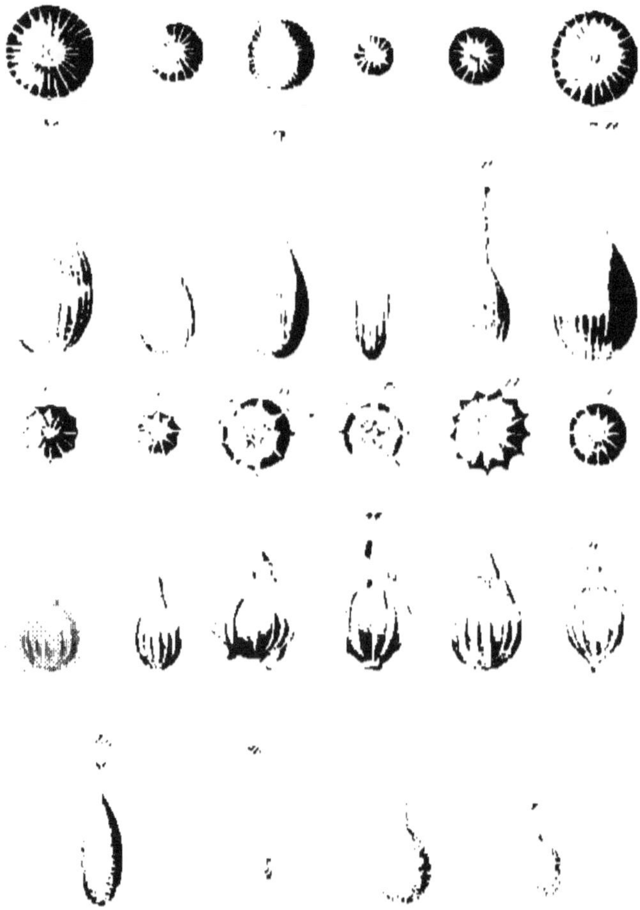

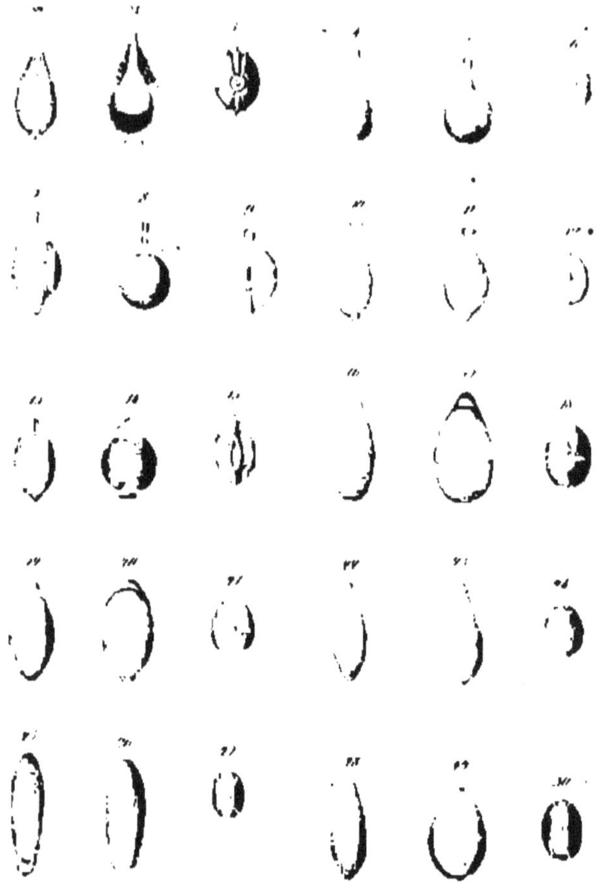

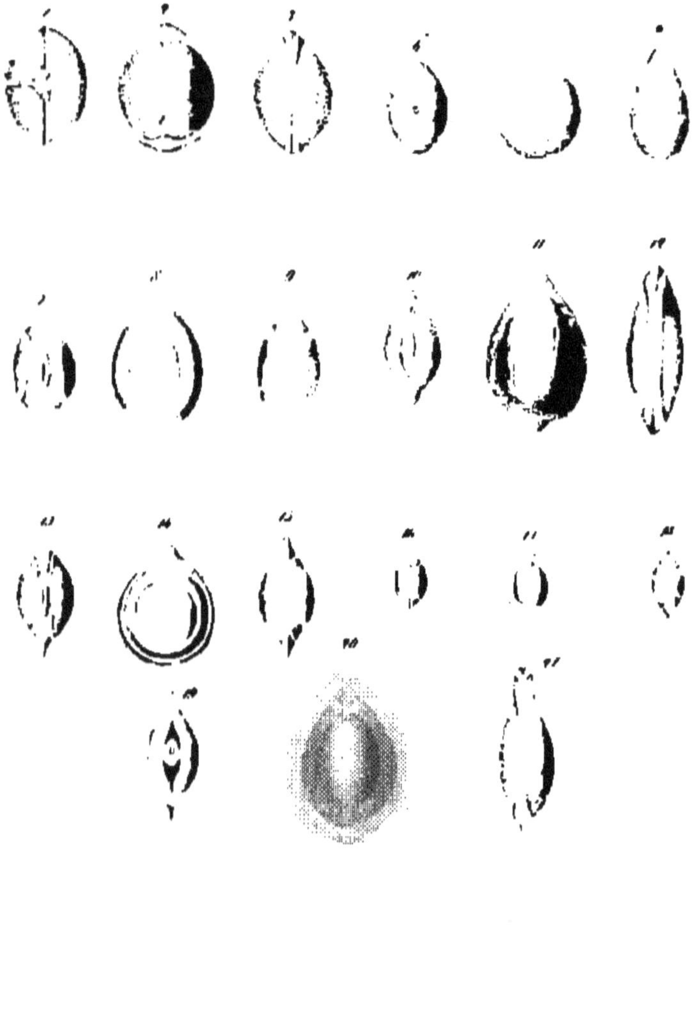

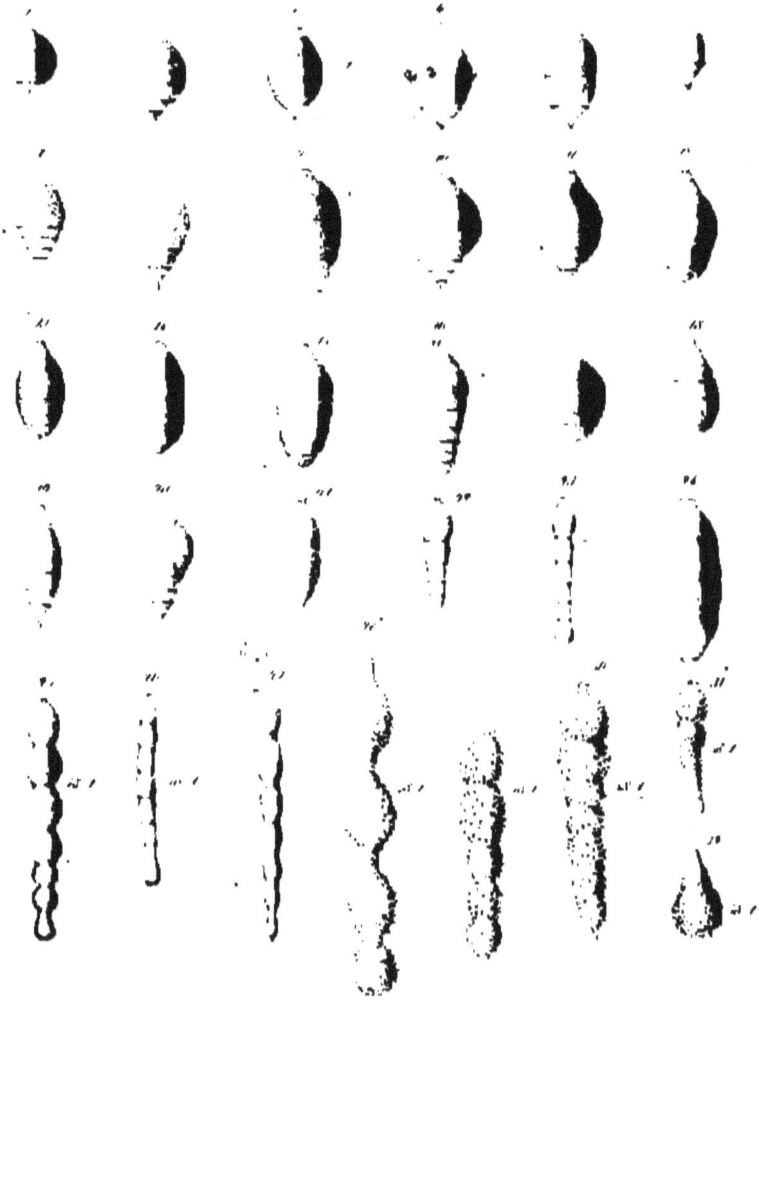

Schlicht Die Foraminiferen des Septarienthones von Pietzpuhl

Nr. 1

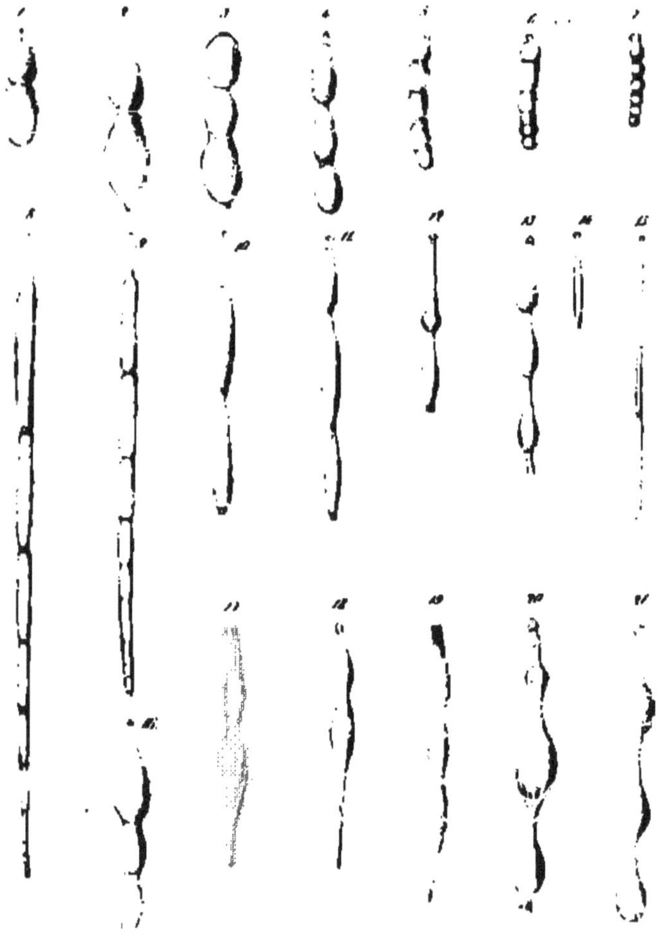

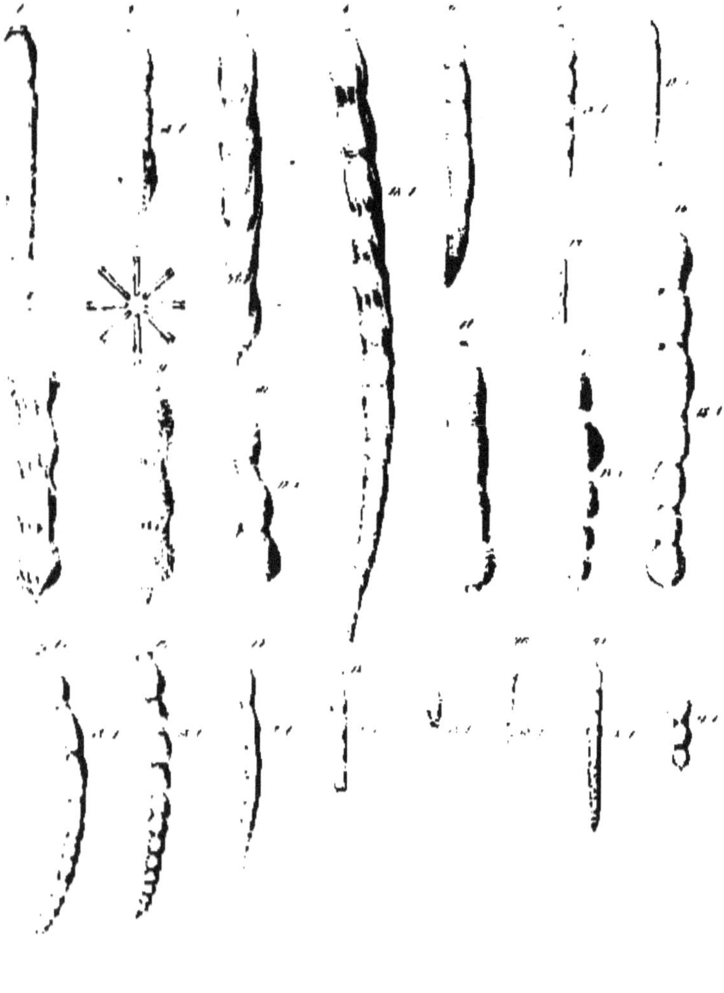

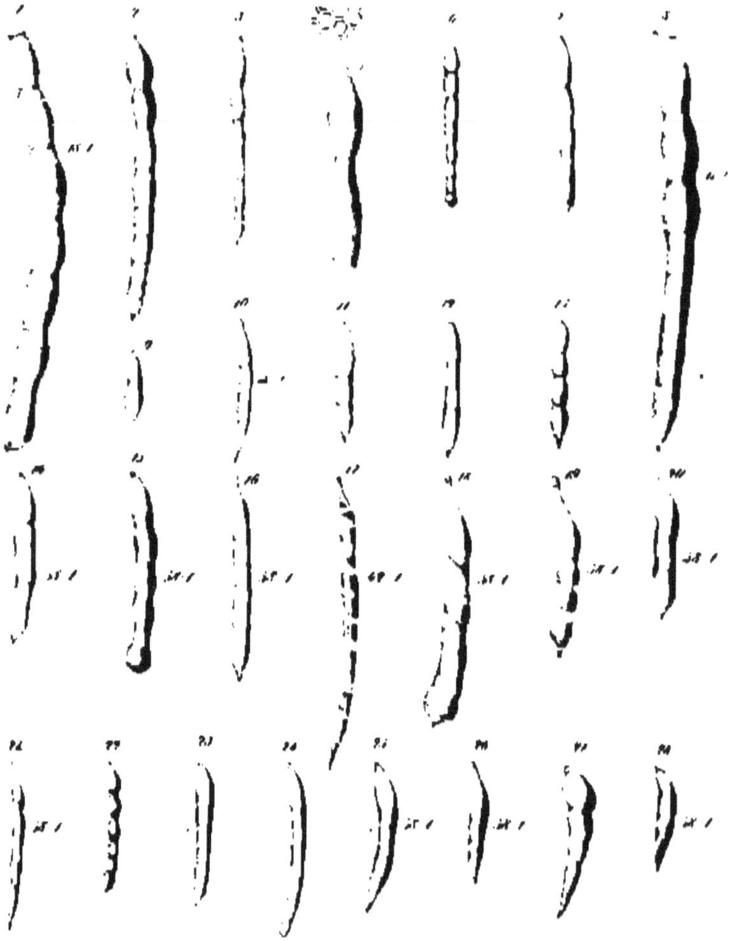

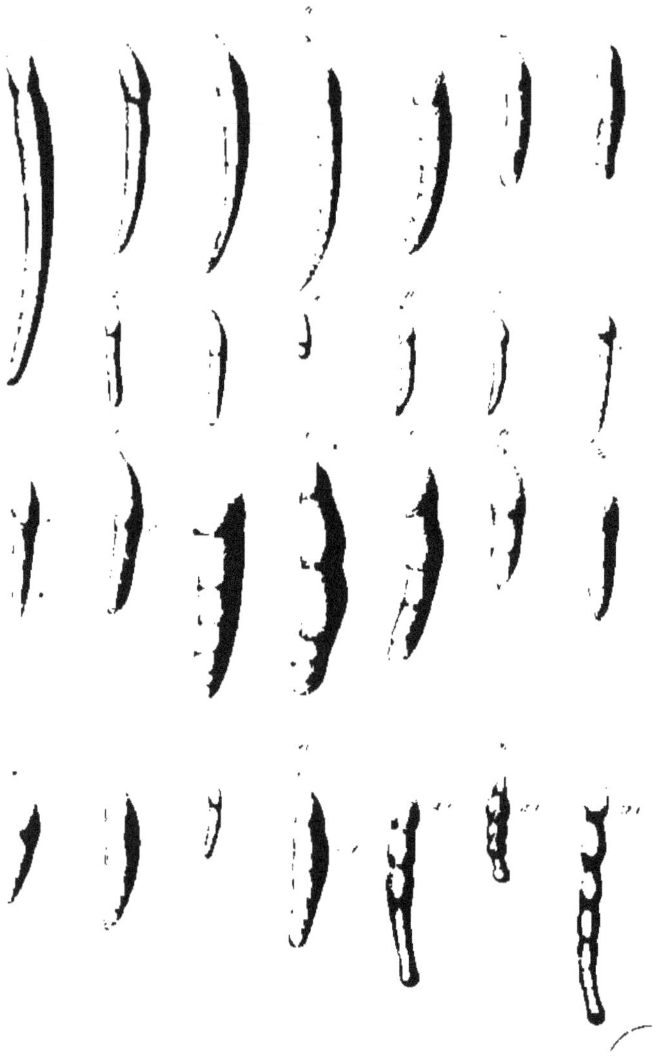

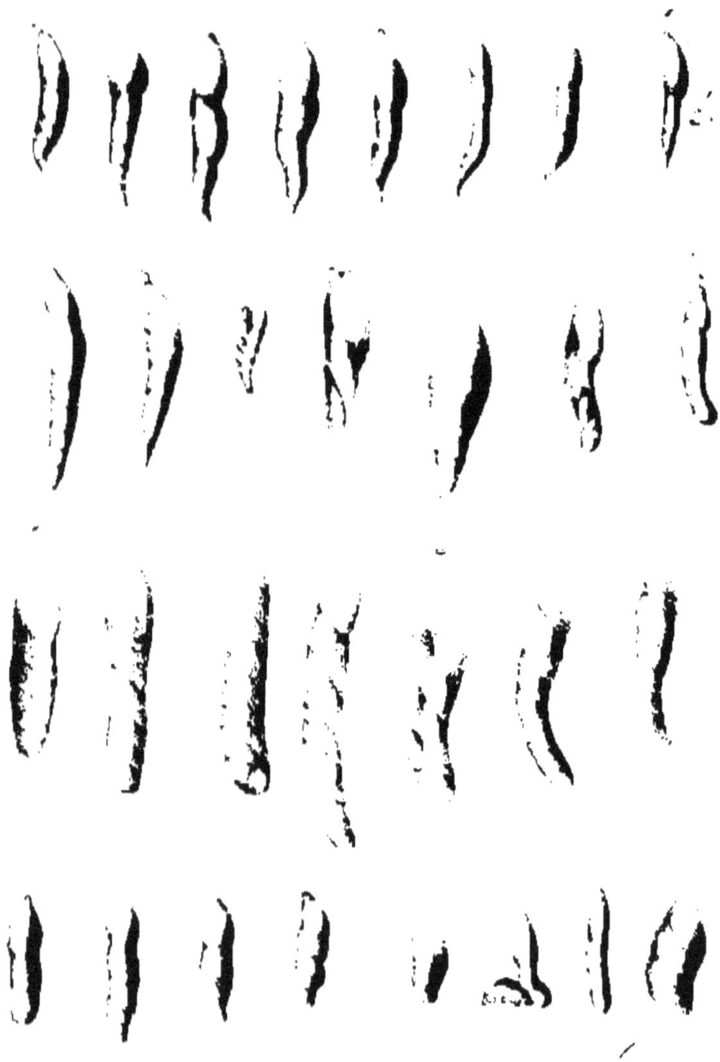

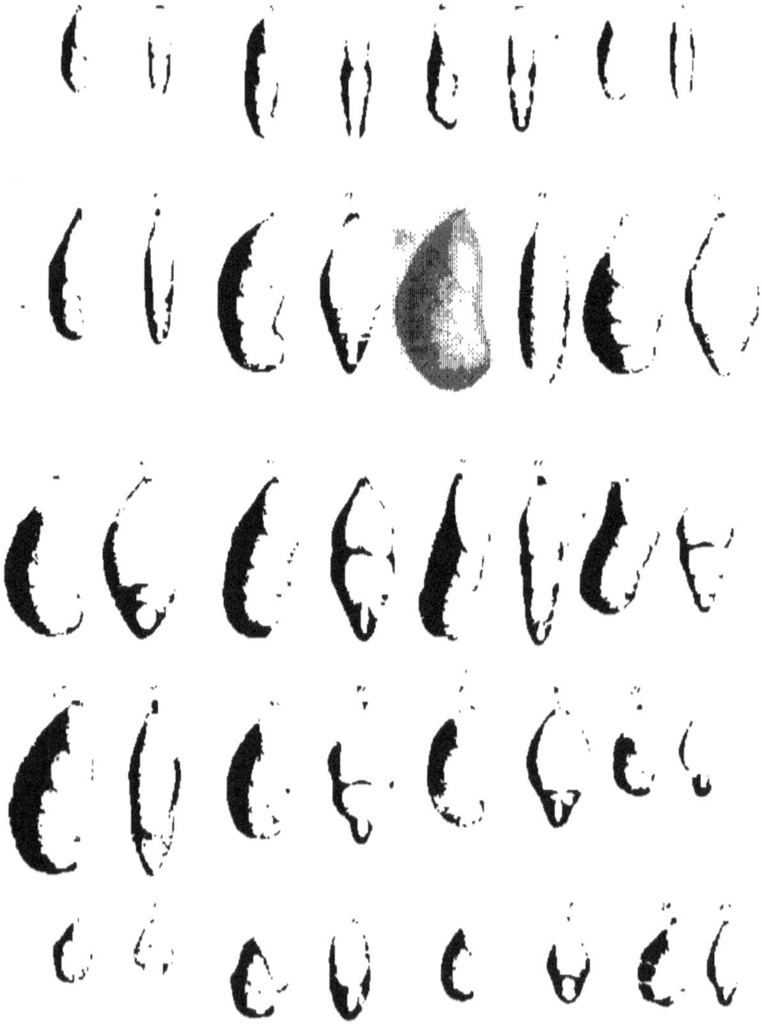

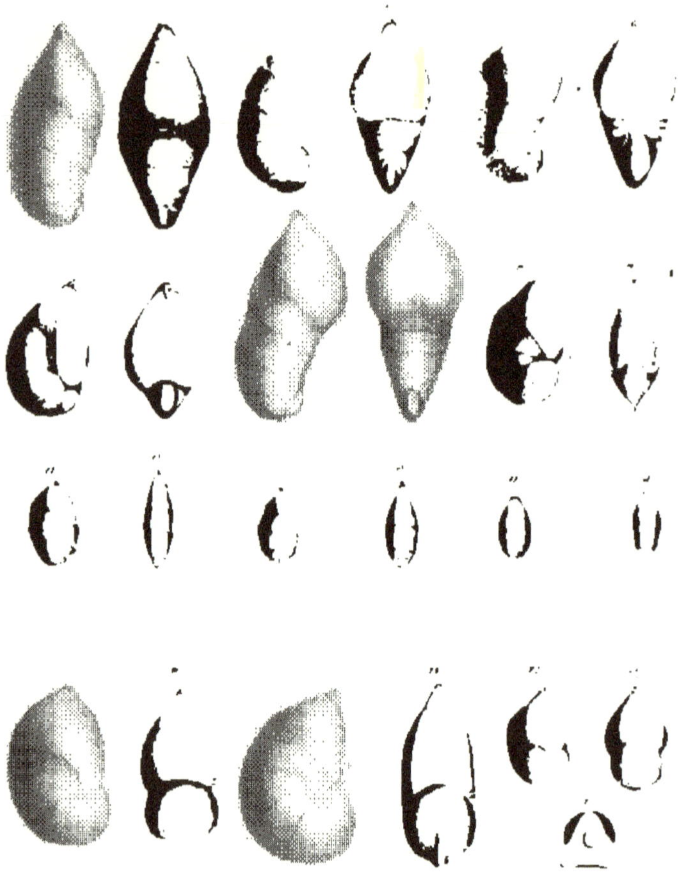

[illegible] VII

[illegible]

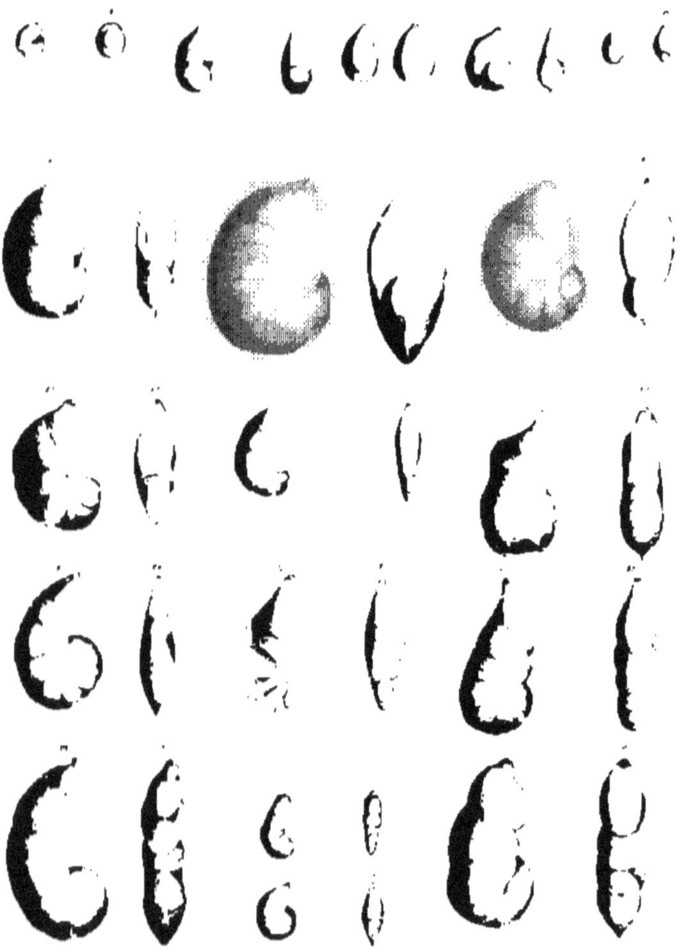

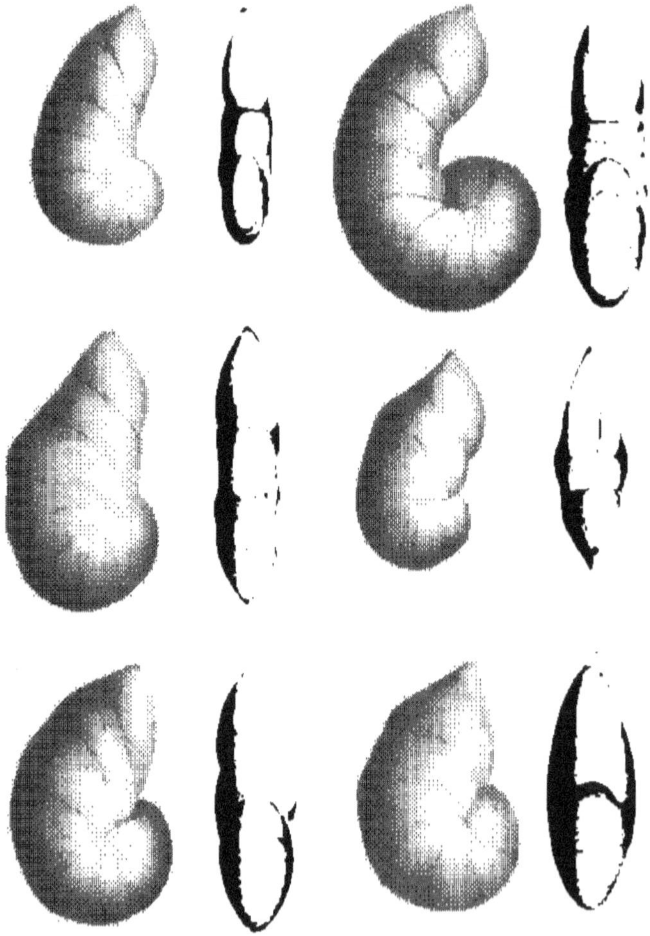

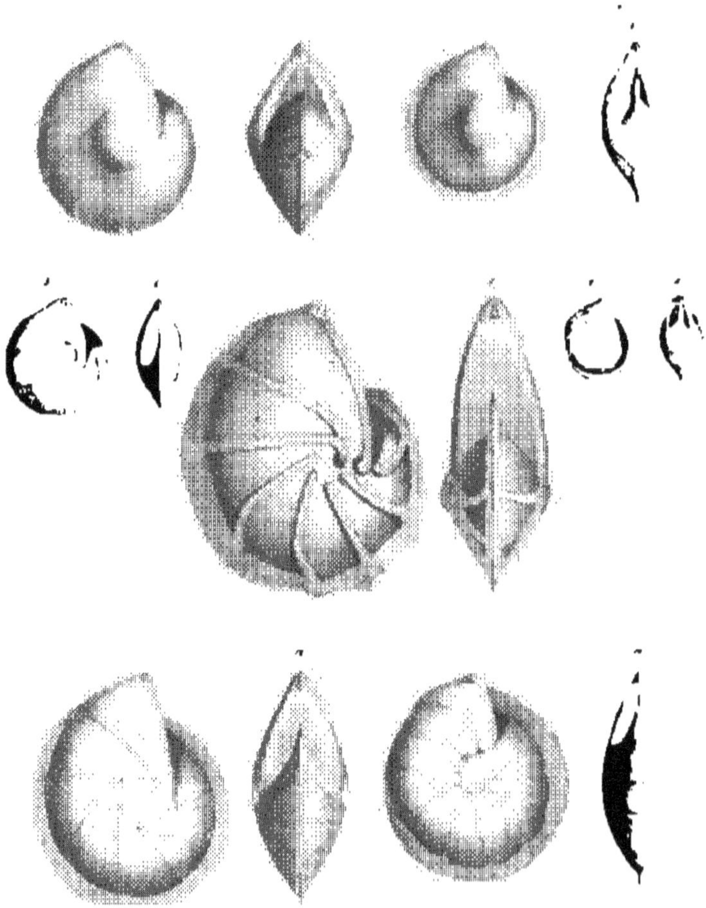

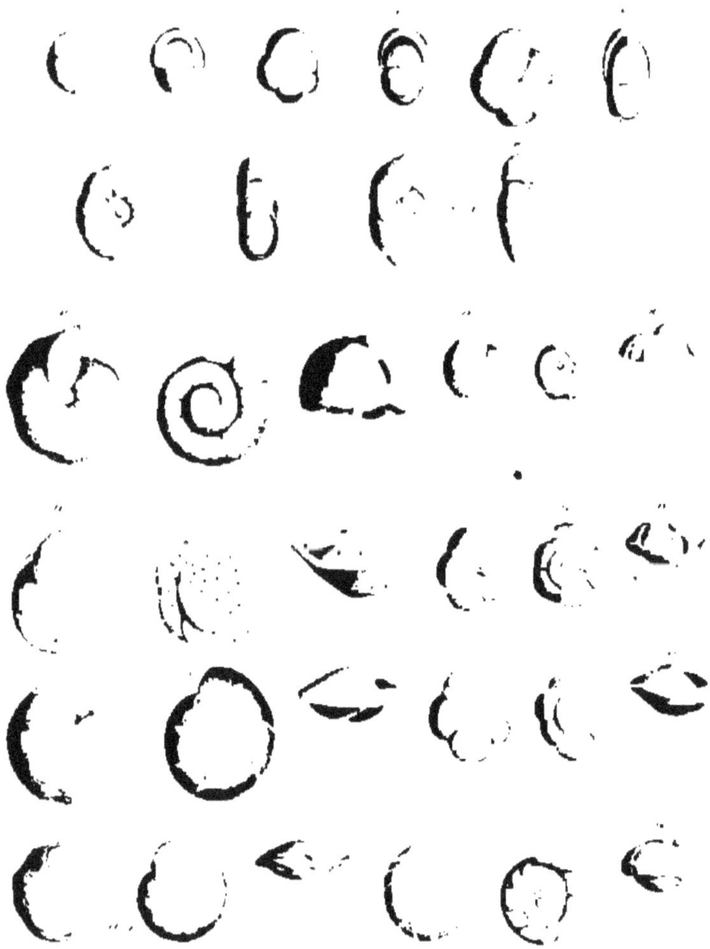

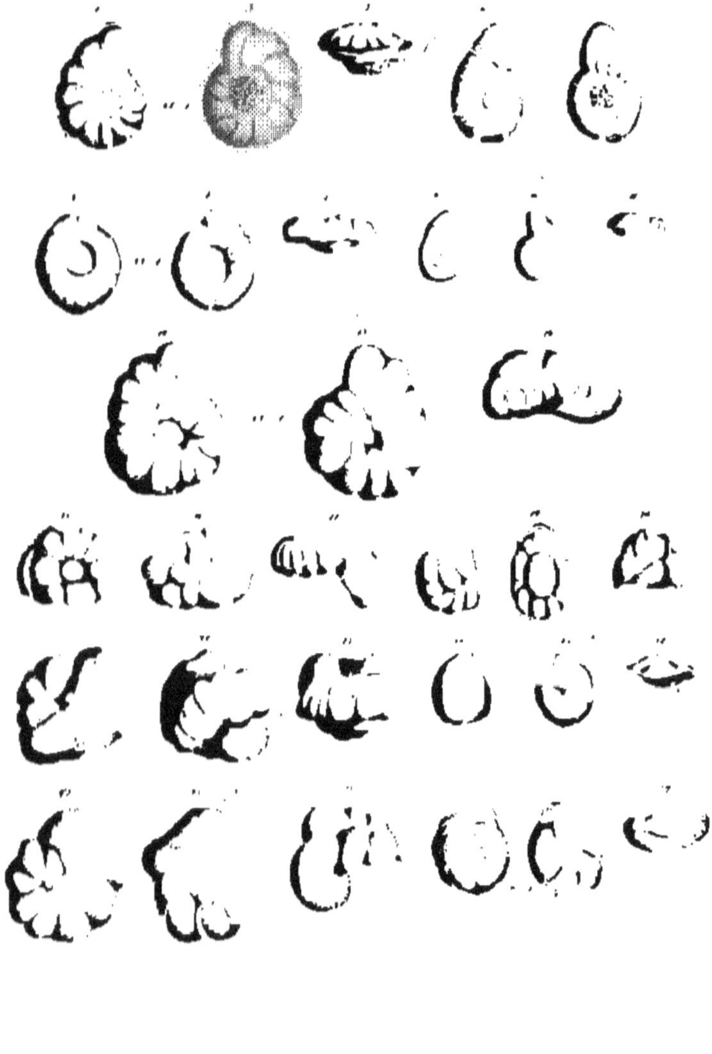

Schlecht. Die Foraminiferen des Septarienthons von Pietzpuhl

N. 1

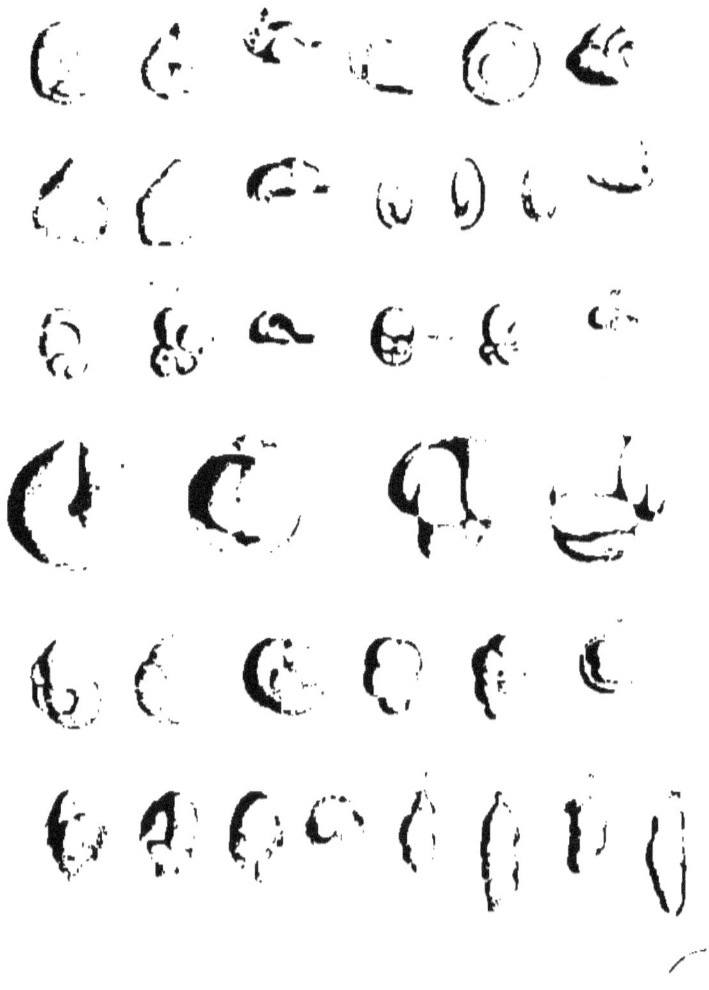

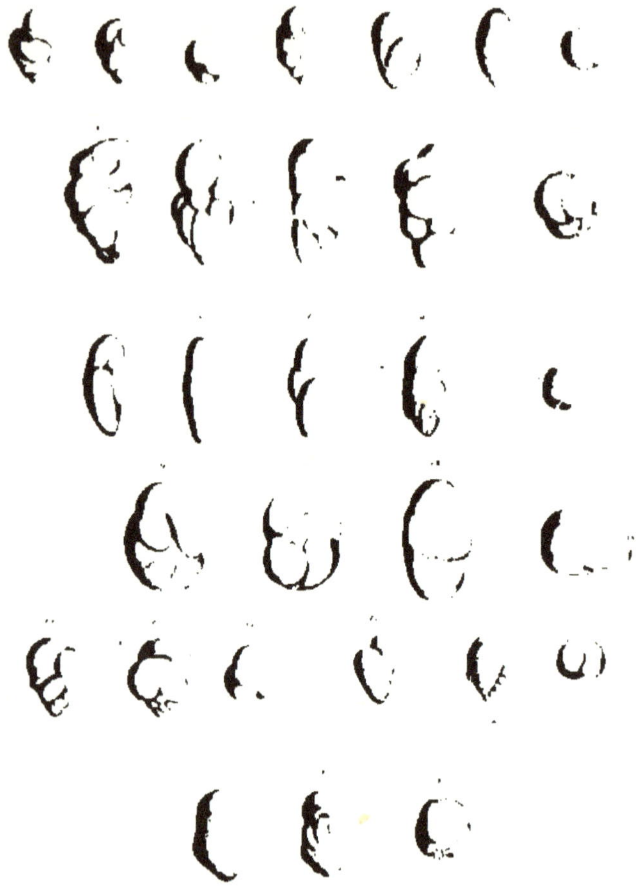

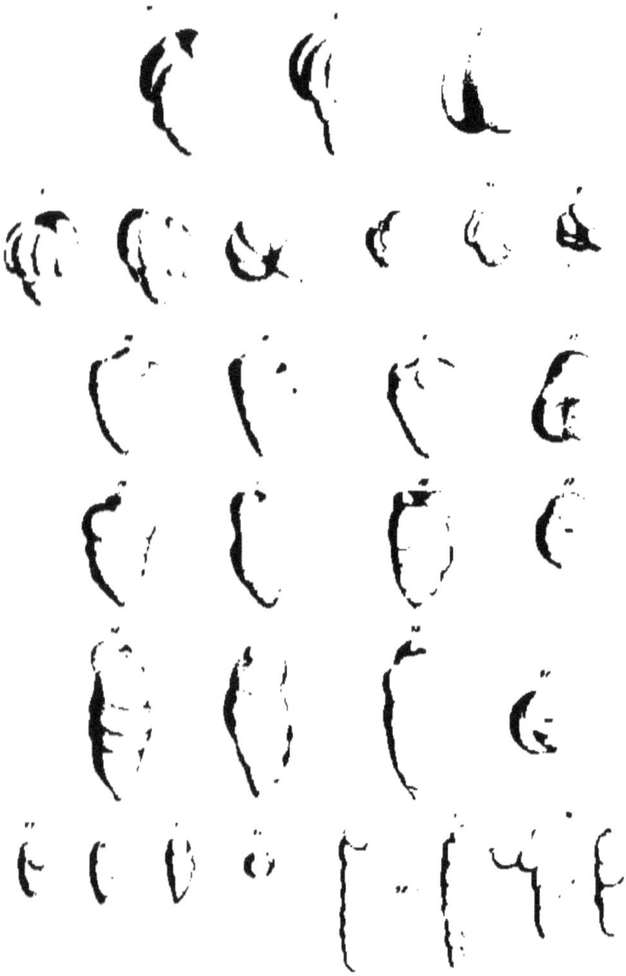

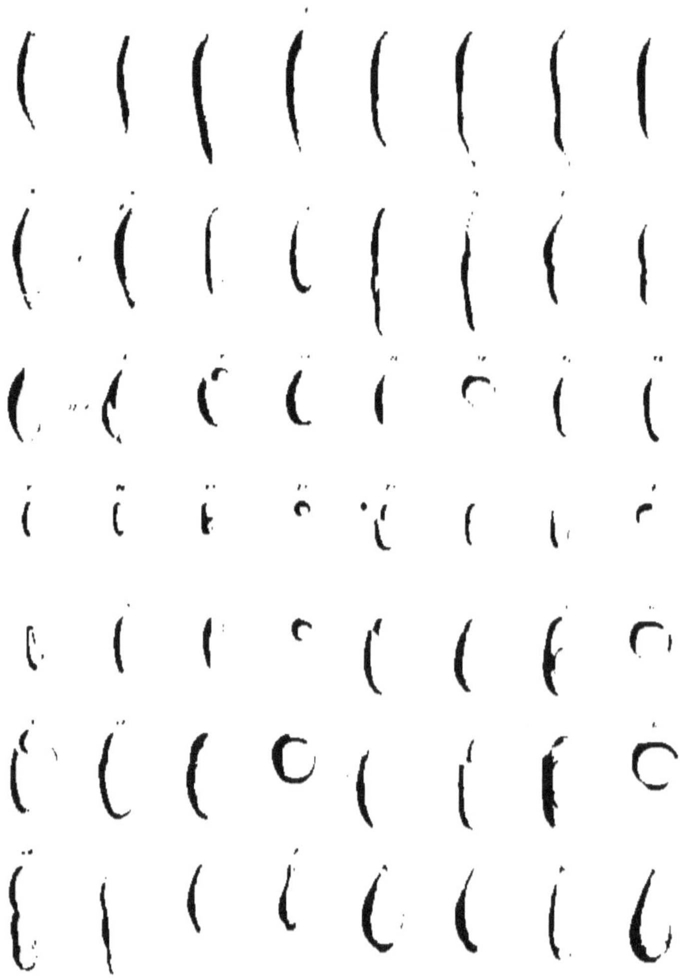

[illegible]

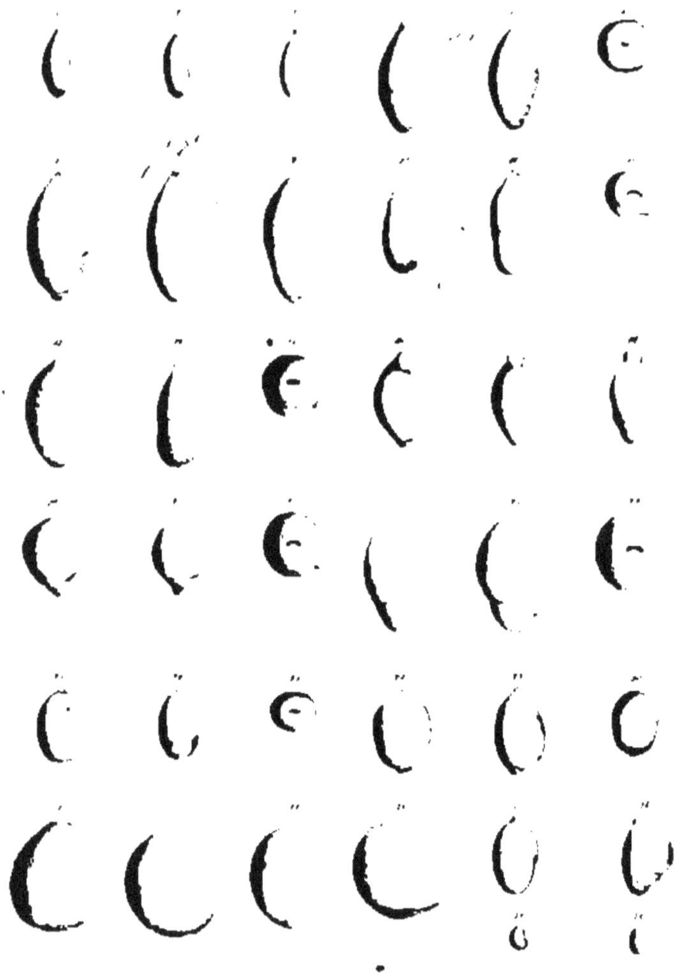

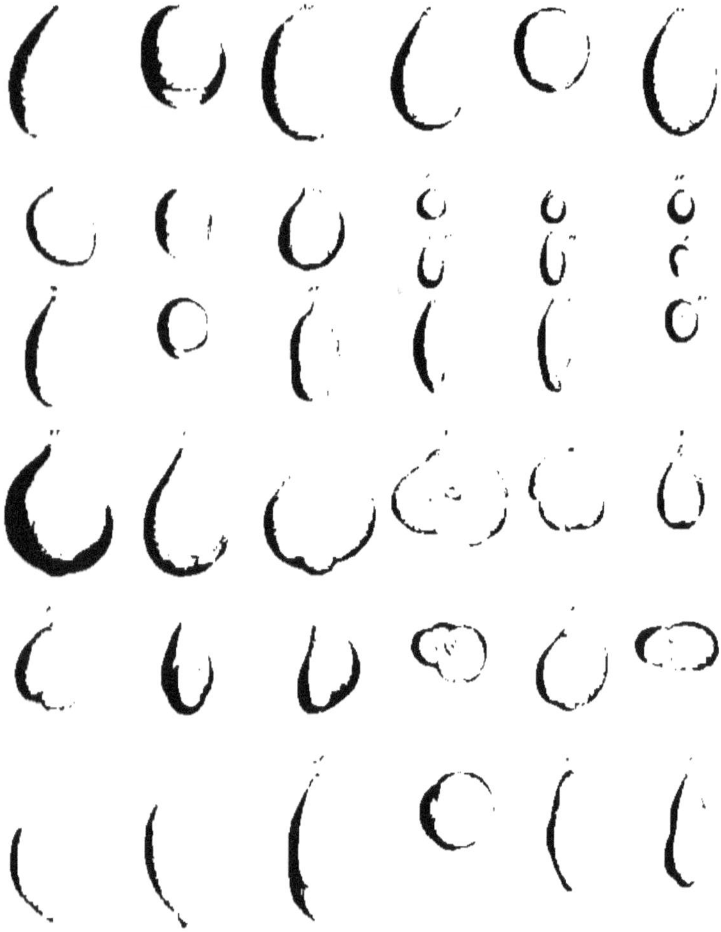

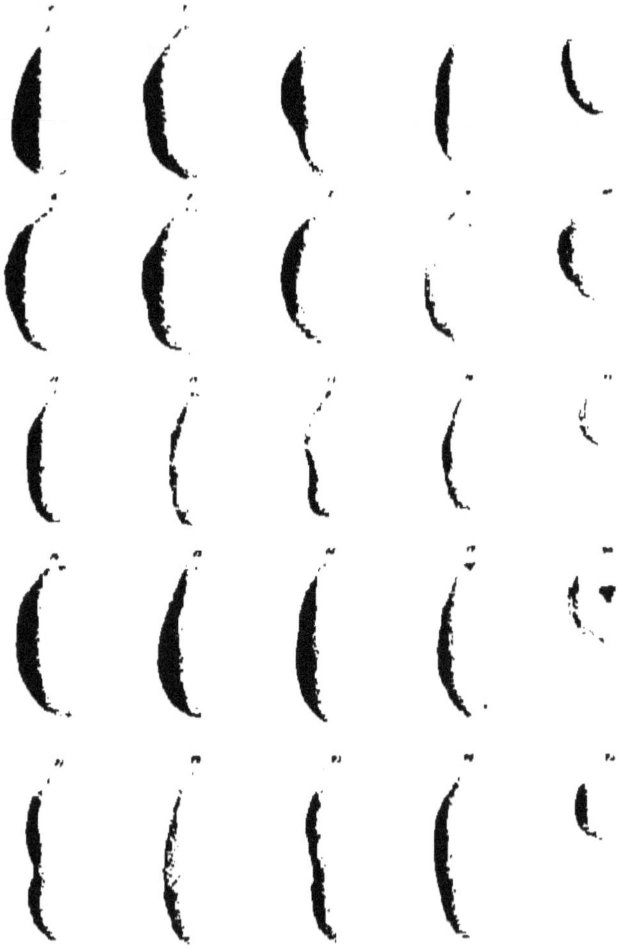

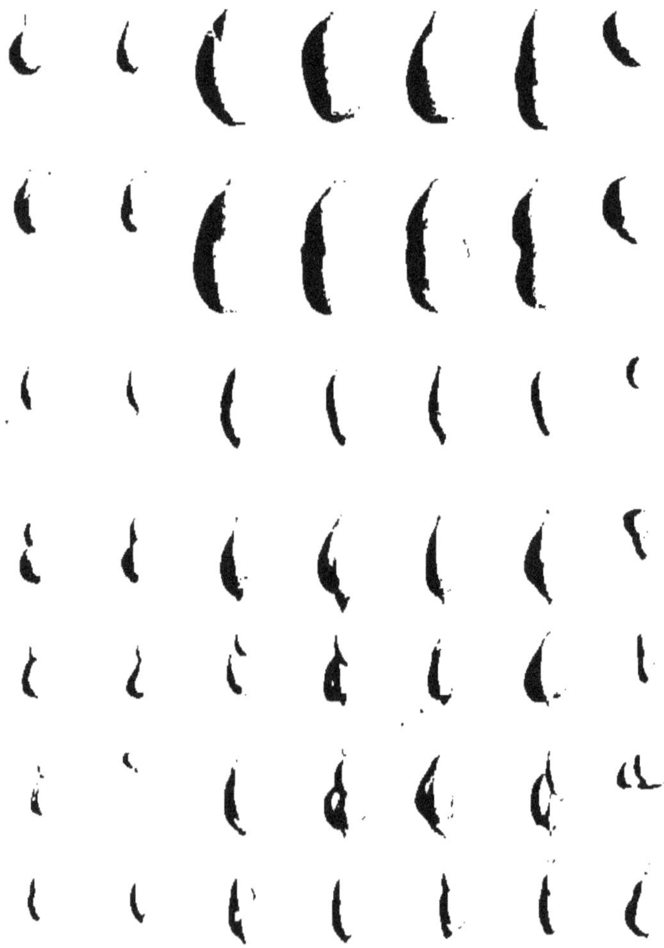

[illegible]

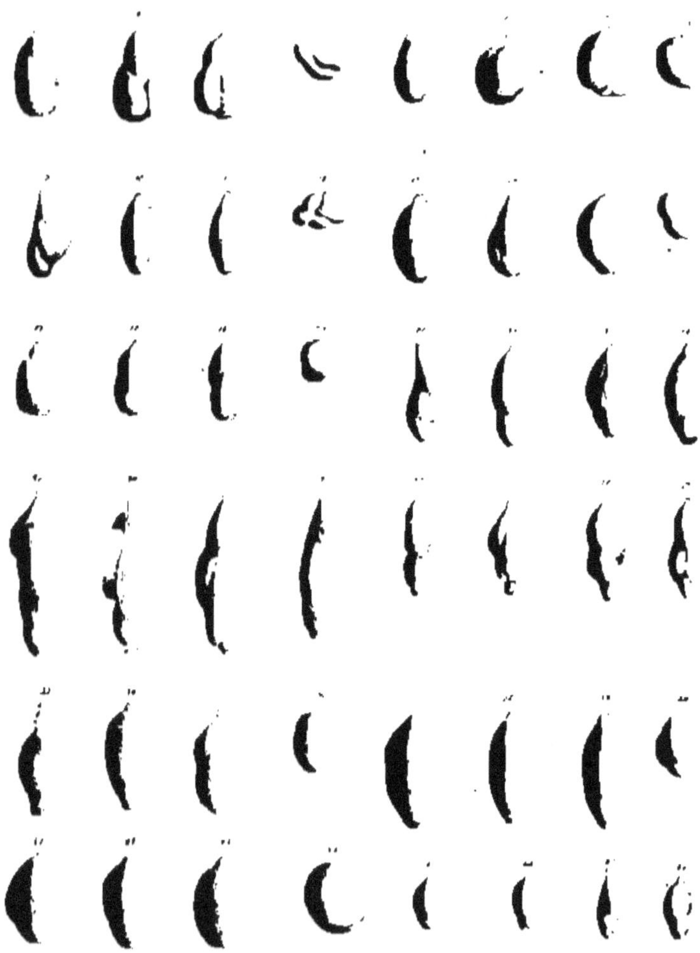

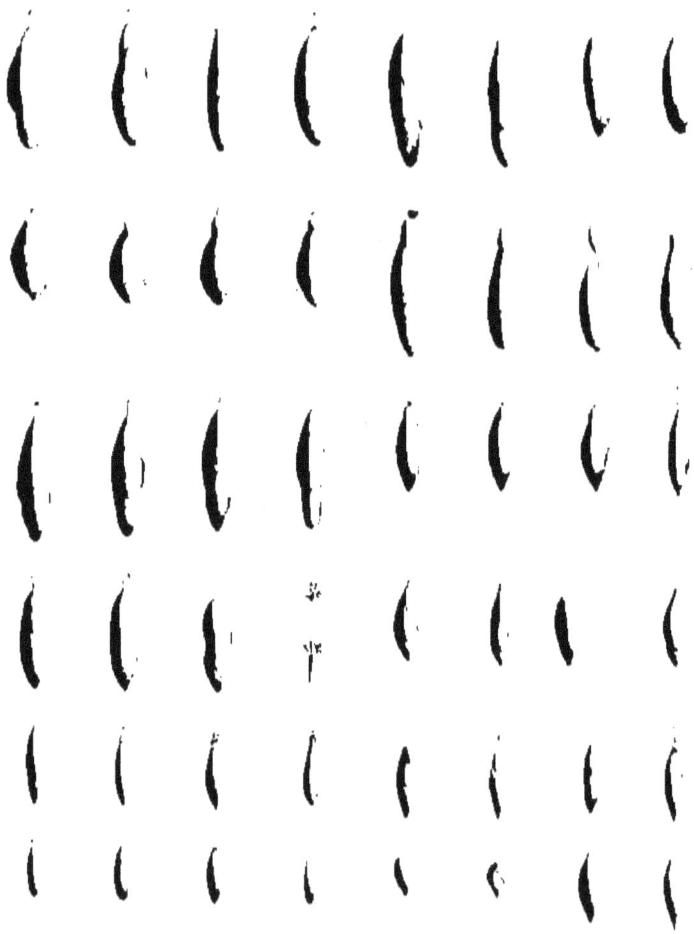

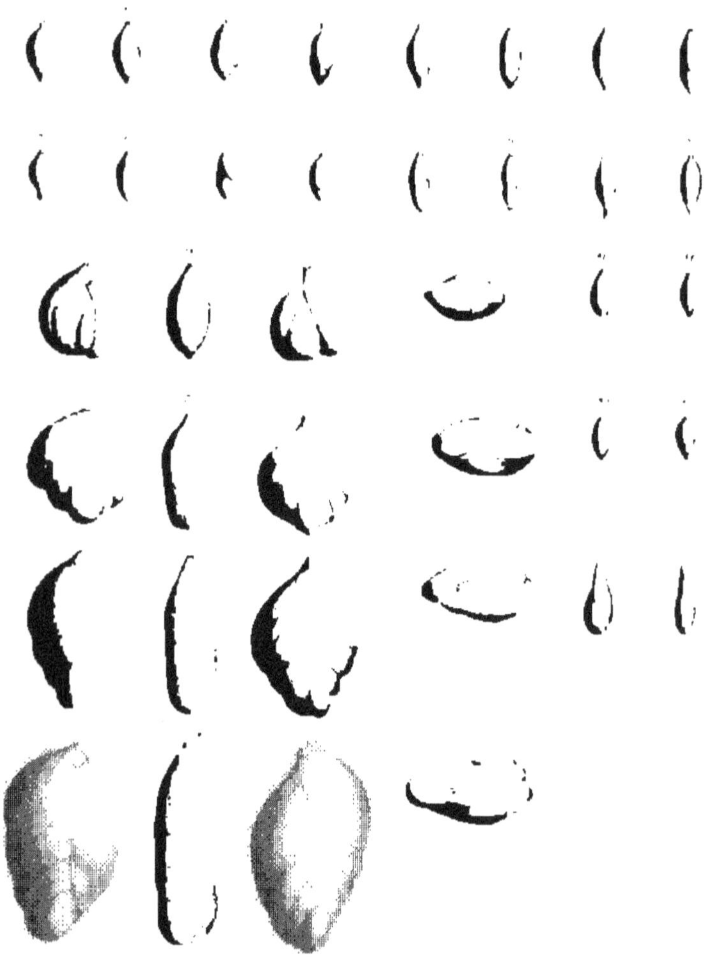

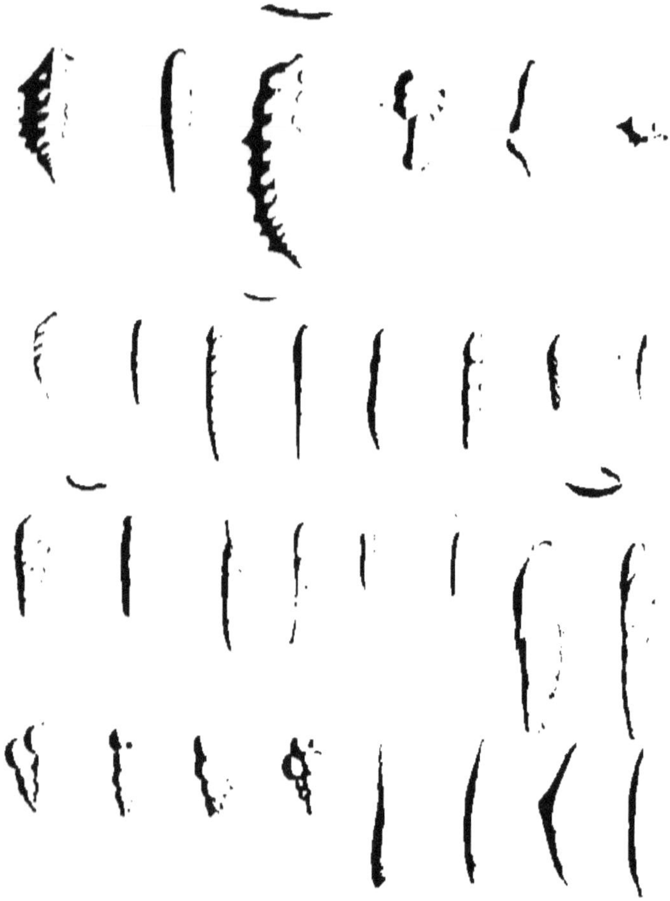

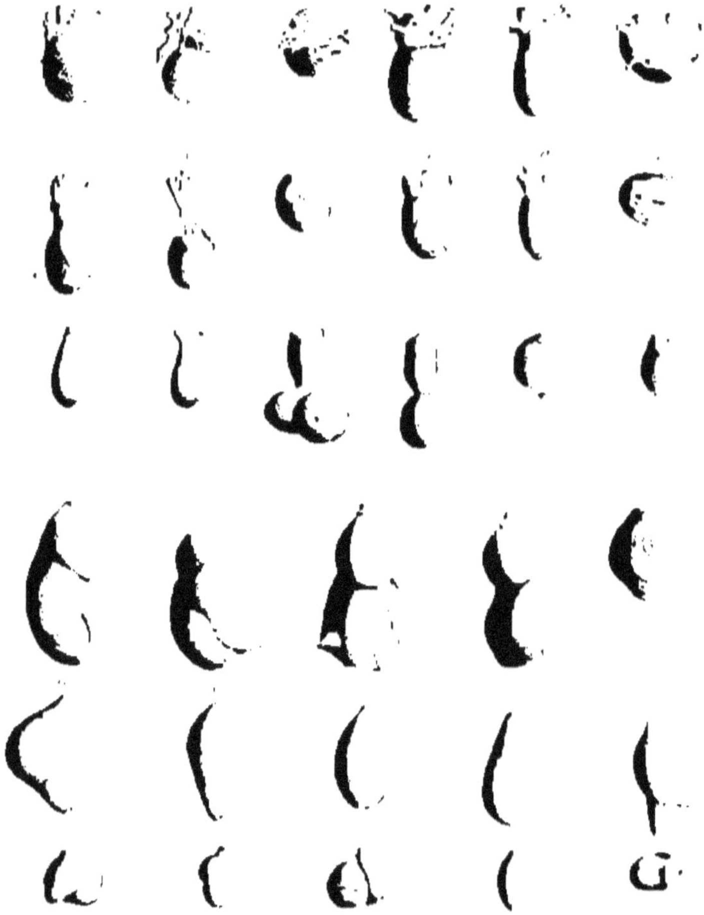

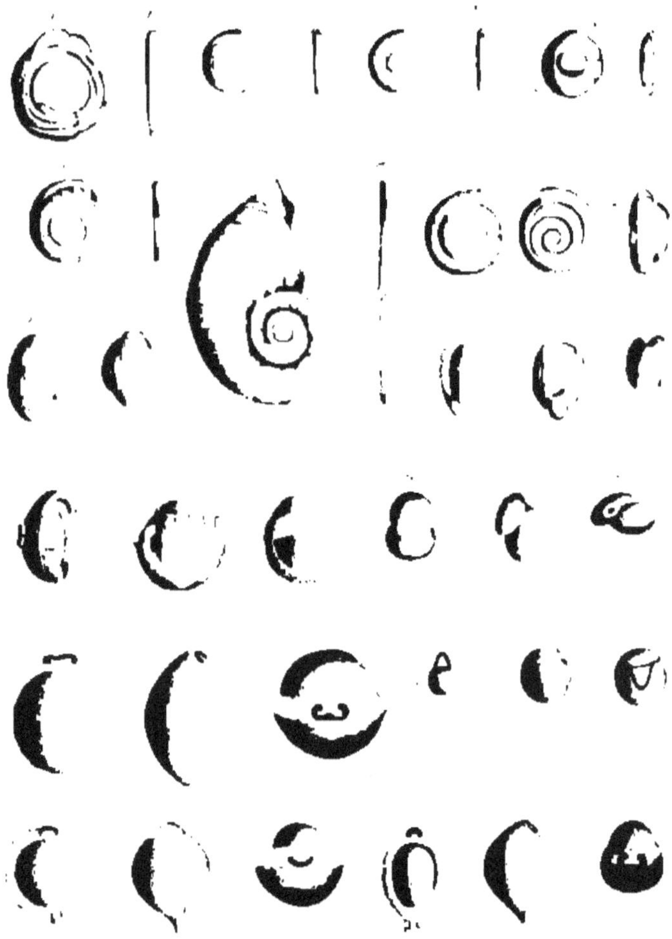

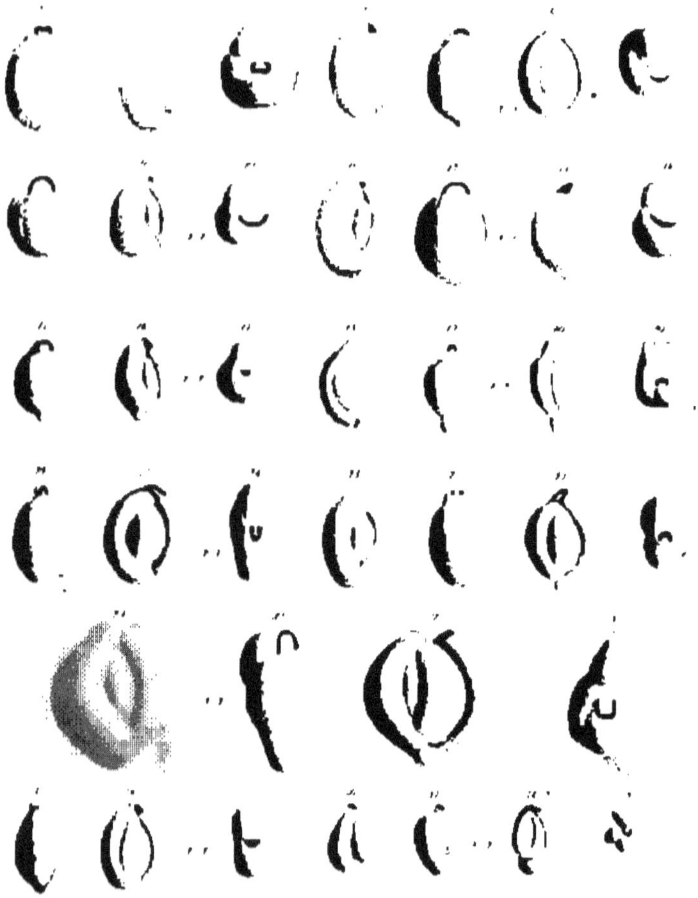

Taf. XXVIII

[illegible]

[illegible]

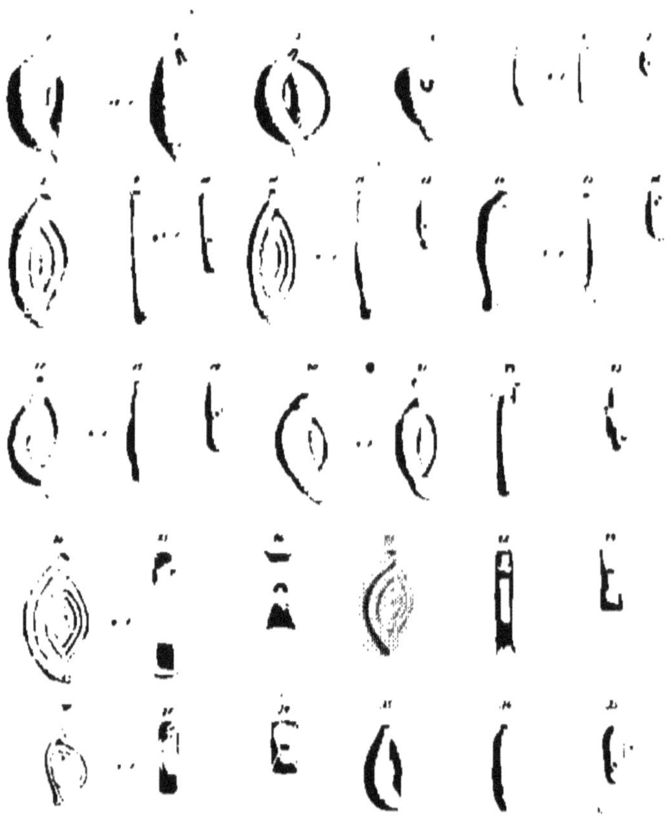

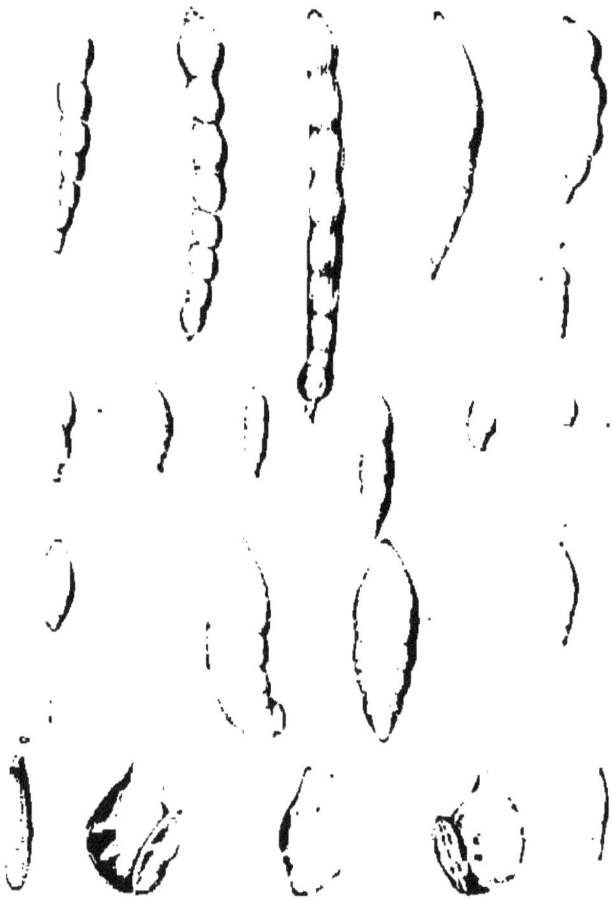

Verzeichniss
werthvoller, botanischer und zoologischer Werke

aus dem Verlage von

Wiegandt & Hempel in Berlin

welche zu den nebenstehenden, theils herabgesetzten Preisen durch jede Buchhandlung zu beziehen sind.

I. Botanik.

Dochnahl, Fr. Jak., Die Lebensdauer der durch ungeschlechtliche Vermehrung erhaltenen Gewächse, besonders der Kulturpflanzen. (XI u. 136 S.) gr. 8. 1854. 20 Sgr.

Ender, E., Index Aroidearum. Verzeichniss sämmtlicher Aroideen, welche bereits beschrieben sind [illegible] Mit einer Einleitung von Professor Dr. Karl Koch. (VII u. 85 S.) 8. [illegible] Sgr.

Engelmann, Georg, M. D., [illegible] (VI u. [illegible] S.) gr. 8. [illegible] Sgr.

Garcke, Dr. A., Flora von Halle. Mit näherer Berücksichtigung der Umgegend von Weissenfels, Naumburg, Freiburg, Bibra, Nebra, Querfurt, Allstedt, Artern, Eisleben, Hettstedt, Sandersleben, Aschersleben, Staßfurt, Bernburg, Cöthen, Dessau, Oranienbaum, Bitterfeld und Delitzsch.

I. Theil: Phanerogamen (XX u. 560 S.) 8. (Ladenpreis 2 Thlr.) 1 Thlr. 15 Sgr.

II. Theil: Kryptogamen nebst einem Anhang zu den Phanerogamen (XIX u. 276 S.) 8. (Ladenpreis 2 Thlr.) 1 Thlr. 15 Sgr.

Hanstein, Dr. J., Die Milchsaftgefässe und die verwandten Organe der Rinde. Von der Kaiserlichen Akademie der Wissenschaften zu Paris gekrönte Preisschrift (XII u. 92 S.) Fol. Mit 10 Tafeln. 1864. 3 Thlr.

Irmisch, Dr. Th., Prof. am Gymnasium zu Sondershausen, Ueber einige Arten aus der natürlichen Pflanzenfamilie der Potameen. Mit 3 lith. Tafeln. (VII u. 56 S.) gr. 4. 1858. (Ladenpreis 1 Thlr.) [illegible] Thlr.

— — Morphologische Beobachtungen an einigen Gewächsen aus den natürlichen Familien der Melanthaceen, Irideen und Aroideen. (III u. 82 S.) gr. 4. Mit 6 lith. Tafeln. 1854. (Ladenpreis 1 Thlr. 10 Sgr.) 1 Thlr.

Schacht, Dr. Hermann, Bericht an das Königl. Landes-Oekonomie-Kollegium über die Kartoffelpflanze und deren Krankheiten. (V u. 40 S.) gr. Fol. Mit 22 color. und 60 schwarzen nach der Natur gezeichneten Abbildungen auf 10 Tafeln, lith. von C. F. Schmidt. 1856. 3 Thlr.

Schumacher, Dr. W., Die Physik der Pflanze. Ein Beitrag zur Physiologie, Klimatologie und Culturlehre der Gewächse. (XXXIV Bg. u. 534 S.) gr. 8. Mit 37 in den Text gedruckten Holzschnitten. 1867. 2 Thlr. 20 Sgr.

Schumacher's „Physik der Pflanze" bildet zugleich den zweiten Band von seinem Werke:

Die Physik in ihrer Anwendung auf Agrikultur und Pflanzenphysiologie.

Band I. führt den Separat-Titel:

Die Physik des Bodens in ihren theoretischen und praktischen Beziehungen zur Landwirthschaft. Vom landwirthschaftlichen Central-Verein des Reg.-Bezirks Potsdam gekrönte Preisschrift. (XXXII Bogen und 505 S.) gr. 8. 1864. 2 Thlr. 20 Sgr.

Sorauer, Dr. Paul, Beiträge zur Keimungsgeschichte der Kartoffelknolle. (II u. 28 S.) 8. Mit 1 lith. Tafel. 1868. Preis 20 Sgr.

Weiss, Dr. Adolph, Die Pflanzenhaare. Untersuchungen über den Bau und die Entwickelung derselben. (XIX u. 300 S.) 8. Mit 427 theils colorirten Figuren auf 13 Tafeln. (Separatabdruck aus »Botanische Untersuchungen«, herausgegeben von H. Karsten.) 6 Thlr.

Botanische Untersuchungen

aus dem

physiologischen Laboratorium der landwirthschaftlichen Lehranstalt in Berlin.

Mit Beiträgen deutscher Physiologen und Anatomen.

Herausgegeben von H. Karsten.

8. Mit schwarzen und colorirten Tafeln. Heft I. 1865. (VII Bg.) Mit 5 Tafeln. 1 Thlr. 10 Sgr.

Inhalt: Ueber die Spaltöffnungen der [illegible] von P. Sorauer. — [illegible] Mittheilung über die Kohlfäule der Kiefer von M. Willkomm. — Beitrag zur Kenntniss der [illegible] von Dr. Fröbel und P. Sorauer. — [illegible] parasitischen Pilzen von H. Karsten. — Ueber die Pilze, [illegible] begleiten von H. Karsten. — [illegible] von H. Karsten. Ueber die Geschlechtsthätigkeit der Pflanzen von H. Karsten.

— Heft II. 1866. (VI Bogen.) Mit 6 Tafeln. 1 Thlr. 10 Sgr.

Inhalt: [illegible] über [illegible] von Dr. [illegible] — Ueber das [illegible] von Prof. Dr. Adolf Weiss in Lemberg. — Untersuchungen über die [illegible] von Prof. Dr. F. [illegible] in Rostock. — [illegible] von Prof. Dr. [illegible] und H. Karsten. — [illegible] von H. Karsten. — Zur Entwickelung [illegible] von Prof. Dr. Adolf Weiss in Lemberg. — [illegible] Untersuchungen von Dr. Wilh. Schumacher. — Ueber den [illegible] (Uredo [illegible] Pers.) von H. Hoffmann.

— Heft III. 1866. (VI[illegible] Bogen.) Mit 5 Tafeln. 1 Thlr. 10 Sgr.

Inhalt: [illegible] von M. Willkomm. — Ueber [illegible] von Prof. Dr. Jul. [illegible] in Greifswald. — Ueber die Spaltöffnungen [illegible] von Paul Sorauer. — [illegible] von Dr. Th. Hartig. — Ueber den Bau der [illegible] von Dr. Th. Hartig. — [illegible] von Dr. Th. Hartig. — Ueber [illegible] von H. Karsten.

— Heft IV—VI. 1867. (XXII Bogen.) Mit 14 Tafeln. 4 Thlr. [illegible] Sgr.

Inhalt: [illegible] von H. Hoffmann. — Die Pflanzenhaare von Prof. Dr. A. Weiss. — [illegible] von H. Karsten.

[illegible]

II. Zoologie und Paläontologie.

Giebel, Dr. C. G., Beiträge zur Palaeontologie. Mit 6 Tafeln. (XIII u. 192 S.) 8. 1853. (Ladenpreis 1 Thlr. 15 Sgr.) 1 Thlr.

— — Die silurische Fauna des Unterharzes nach Herrn C. Bischof's Sammlung. Mit VII lithogr. Tafeln. (IX u. 72 S.) gr. 4. 1858. (Ladenpreis 3 Thlr.) 2 Thlr.

— — Die Versteinerungen im Muschelkalk von Lieskau bei Halle. Mit 7 lith. Tafeln. (IX u. 74 S.) gr. Fol. 1856. (Ladenpreis 4 Thlr.) 2 Thlr. 20 Sgr.

— — Beiträge zur Osteologie der Nagethiere. Mit 5 lithogr. Tafeln. (IX u. 74 S.) gr. 4. 1857. (Ladenpreis 3 Thlr.) 2 Thlr.

Heer, Osw., Beiträge zur näheren Kenntniss der sächsisch-thüringischen Braunkohlenflora. Nebst einem Anhange über einige siebenbürgische Tertiärpflanzen von C. J. Andrae. Mit 10 Tafeln. (IV u. 32 S.) gr. 4. 1861. (Ladenpreis 4 Thlr.) 2 Thlr. 20 Sgr.

Keyserling, Graf Eugen, Neue Cypriniden aus Persien. Mit 9 Tafeln. (III u. 28 S.) Lex.-8. 1861. (Ladenpreis 1 Thlr. 10 Sgr.) 25 Sgr.

Loew, Dr. Herm., Director in Guben, Die Dipteren-Fauna Südafrika's. I. Abthl. Mit 2 Taf. (XXXXI u. 330 S.) gr. 4. 1861. (Ladenpreis 10 Thlr.) 5 Thlr.

— — Diptera Americae septentrionalis indigena. (XIX u. 266 S.) 8. 1 Thlr. 15 Sgr.

— — Monogr. of the Diptera of North America. Ed. by R. Osten-Sacken. 2 parts. Washington 1862—64. roy.-8. 246 and 340 pg. w. 7 plates. 4 Thlr.

Nathusius-Hundisburg, Dr. H. v., Vorstudien für Geschichte und Zucht der Hausthiere, zunächst am Schweineschädel. (XII u. 186 S.) in roy.-8. Mit einem Atlas in Querfolio, enthaltend 6 Tafeln Abbildungen und Erläuterungen. 6 Thlr. 20 Sgr.

Nathusius-Königsborn, W. von, Das Wollhaar des Schafs in histologischer und technischer Beziehung, mit vergleichender Berücksichtigung anderer Haare und der Haut. (200 S.) gr. 8. Mit 24 Tafeln. 4 Thlr.

Rohde, Dr. O., Beiträge zur Kenntniss des Wollhaares. gr. 8. (VII u. 135 S.) Mit 1 Steintafel. 1857. 16 Sgr.

Schmidt, Adolf, Prof., Der Geschlechts-Apparat der Stylommatophoren, in taxonomischer Hinsicht gewürdigt. Mit 14 lith. Taf. (VI u. 51 S.) gr. Fol. 1856. (Ladenpreis 5 Thlr.) 3 Thlr.

— — Beiträge zur Malakologie. Mit 3 Tafeln. gr. 8. (VI u. 80 S.) 1857. (Ladenpreis 25 Sgr.) 15 Sgr.

Schmidt, Oscar, Prof. in Jena, **Ueber den Bandwurm der Frösche Taenia dispar und die geschlechtslose Fortpflanzung seiner Proglottiden.** Mit 2 lithogr. Tafeln. (I u. 14 S.) 8. 1855. 10 Sgr.

Schneider, Dr. A., Die Entstehung der Eingeweidewürmer des Menschen und der Hausthiere. (II u. 35 S.) Mit 21 Holzschnitten. 7½ Sgr.

Zeller, P. C., Chilonidarum et Crambidarum genera et species. (VI u. 64 S.) 4. 1863. (Ladenpreis 1 Thlr. 10 Sgr.) 1 Thlr.

Zeitschrift für die gesammten Naturwissenschaften,

herausgegeben von dem naturw. Vereine für Sachsen und Thüringen in Halle.

Jahrgang 1853—1862 redig. von C. Giebel und W. Heintz.
Jahrgang 1863—1867 redig. von C. Giebel und M. Siewert.

Preis des Jahrgangs von 2 Bdn. à 6 Hefte à 5—6 Bg. Text nebst Taf. in gr. 8.: 5 Thlr. 10 Sgr.

Diese Zeitschrift bringt in jedem Monatshefte gediegene Originalabhandlungen und Mittheilungen aus dem Gesammtgebiete der Naturwissenschaften und mehr oder minder ausführliche Berichte über die neuen Forschungen der Astronomie, Meteorologie, Physik, Chemie, Geologie, Mineralogie, Paläontologie, Botanik und Zoologie. So ist sie im wahren Sinne ein monatliches Repertorium der naturwissenschaftlichen Literatur und macht es jedem Fachmanne möglich neben den Fortschritten auf dem eigenen Gebiete mit Leichtigkeit zugleich denen auf den Nachbargebieten zu folgen und erspart dem von literarischen Mittelpunkten entfernten Forscher und Freunde der Naturwissenschaften die kostspielige und umfangreiche periodische Literatur. In letzterer Hinsicht empfiehlt sie sich ganz besonders den Lehrern an höheren Schulen und sollte als einziges alle Naturwissenschaften gleichmässig umfassendes Journal in keinem wissenschaftlichen Lesezirkel und keiner Schulbibliothek fehlen. Nach nunmehr 16jährigem Bestehen machen wir das naturwissenschaftliche Publikum von Neuem auf dieselbe aufmerksam durch eine Angabe der darin erschienenen Originalabhandlungen; die vielen Tausende von Mittheilungen und Referaten gestatten selbstverständlich keine Aufzählung.

Einzelne Bände älterer Jahrgänge liefern wir zu à 2 Thlr.

Exemplare der completen Serie von 30 Bänden sind zum Preise von 45 Thalern (Ladenpreis: 80 Thlr.) durch jede Buchhandlung zu beziehen. — Abonnements auf den laufenden Jahrgang vermittelt jede Buchhandlung und Postanstalt.

Apart gewünschte Abhandlungen stehen soweit der Vorrath reicht, gern zu Diensten; d. h. wir liefern die betreffenden Monatshefte zu à 15 Sgr.

Inhalt der erschienenen 30 Bände.

Verlag von Wiegandt & Hempel in Berlin.

[illegible]

Inhalt des dritten Bandes: [illegible]

Inhalt des vierten Bandes: [illegible]

Inhalt des fünften Bandes: [illegible]

Inhalt des sechsten Bandes: [illegible]

Inhalt des siebenten Bandes: [illegible]

Inhalt des achten Bandes: [illegible]

Inhalt des neunten Bandes: [illegible]

[illegible]

Inhalt des zehnten Bandes: [illegible]

Inhalt des elften Bandes: [illegible]

Inhalt des zwölften Bandes: [illegible]

Inhalt des dreizehnten Bandes: [illegible]

Inhalt des vierzehnten Bandes: [illegible]

Inhalt des fünfzehnten Bandes: [illegible]

Inhalt des sechzehnten Bandes: [illegible]

Inhalt des siebzehnten Bandes: [illegible]

Verlag von Wiegandt & Hempel in Berlin.

Inhalt des [illegible] Bandes: [illegible] — C. Giebel, [illegible] — Ders., [illegible] — W. Heintz, [illegible] — Ders., [illegible] — Graf Eugen Keyserling, [illegible] — Ch. Lüben, [illegible] — Ders., [illegible] — R. A. Philippi, [illegible] — Ders., [illegible] — A. Schling, [illegible] — A. Reichardt, [illegible] — W. Weitzel, [illegible] — Mittheilungen des Vereins und Literatur.

Inhalt des achtzehnten Bandes: [illegible] — C. Giebel, [illegible] — Ders., [illegible] — W. Heintz, [illegible] — Th. Krug, [illegible] — Mittheilungen des Vereins und Literatur.

Inhalt des neunzehnten Bandes: [illegible] — C. Giebel, [illegible] — Ders., [illegible] — W. Heintz, [illegible] — Mittheilungen des Vereins und Literatur.

Inhalt des zwanzigsten Bandes: C. Giebel, [illegible] — W. Heintz, [illegible] — Ders., [illegible] — L. Müller, [illegible] — Mittheilungen des Vereins und Literatur.

Inhalt des einundzwanzigsten Bandes: C. Giebel, [illegible] — Ders., [illegible] — W. Heintz, [illegible]

[illegible] — R. A. Philippi, [illegible] — Ders., [illegible] — Mittheilungen des Vereins und Literatur.

Inhalt des zweiundzwanzigsten Bandes: C. Giebel, [illegible] — W. Heintz, [illegible] — Ders., [illegible] — Mittheilungen des Vereins und Literatur.

Inhalt des dreiundzwanzigsten Bandes: [illegible] — C. Giebel, [illegible] — W. Heintz, [illegible] — Ders., [illegible] — Mittheilungen des Vereins und Literatur.

Inhalt des vierundzwanzigsten Bandes: [illegible] — C. Giebel, [illegible] — W. Heintz, [illegible] — Ders., [illegible] — Mittheilungen des Vereins und Literatur.

Inhalt des fünfundzwanzigsten Bandes: [illegible] — W. Heintz, [illegible] — Ders., [illegible]

Verlag von Wiegandt & Hempel in Berlin.

www.ingramcontent.com/pod-product-compliance
Lightning Source LLC
Chambersburg PA
CBHW021857230426
43671CB00006B/430
* 9 7 8 3 7 4 1 1 7 5 5 6 5 *